中国在拉丁美洲软实力研究

周宸伊

世界知识出版社

图书在版编目（CIP）数据

中国在拉丁美洲软实力研究/周宸伊著 . —北京：
世界知识出版社，2018.9

ISBN 978-7-5012-5848-2

I. ①中… II. ①周… III. ①中外关系—研究—拉丁
美洲 IV. ①D822.373

中国版本图书馆 CIP 数据核字（2018）第 211829 号

责任编辑	汪 琴
特邀编辑	狄安略
责任出版	赵 玥
责任校对	陈可望

书　　名	**中国在拉丁美洲软实力研究** Zhongguo zai Ladingmeizhou Ruanshili Yanjiu
著　　者	周宸伊
出版发行	世界知识出版社
地址邮编	北京市东城区干面胡同 51 号（100010）
网　　址	www.ishizhi.cn
电　　话	010-65265923（发行）　010-85119023（邮购）
经　　销	新华书店
印　　刷	北京虎彩文化传播有限公司
开本印张	720 毫米×1020 毫米　1/16　12 印张
字　　数	160 千字
版次印次	2018 年 9 月第一版　2018 年 9 月第一次印刷
标准书号	ISBN 978-7-5012-5848-2
定　　价	38.00 元

前　言

　　当今世界，软实力日益成为衡量一个国家国际地位和国际影响力的重要指标。作为一种与通过胁迫、欺骗和收买达到预期目的的"硬实力"相对的概念，软实力通过吸引和说服等柔性的手段，能够助力一国更好地维护国家利益和提升国际影响力。中国自 2007 年提出国家软实力战略以来，已经越来越注重自身软实力的建设。

　　拉美国家作为国际格局中不断崛起的新兴经济体和发展中国家的重要组成部分，在维护世界和平与发展和中国的全球外交布局中占据着重要地位。21 世纪以来，中拉经贸合作成效显著，合作领域不断拓宽；政治上高层互访频繁，政治互信不断加强。2015 年中拉论坛首届部长级会议确立了包括"人文上互学互鉴"在内的中拉关系五位一体新格局，且首次将其作为发展中拉关系不可分割的关键一环，这对于提升中国在拉美的软实力大有裨益。然而另一方面，我们也要看到，软实力作为一种间接性的、渗透性的力量，很难在短时间内达到立竿见影的效果。中拉关系近年来的迅速发展，主要集中于政治和经贸领域，文化交往发展相对缓慢。拉美与中国相距遥远、文化差异大，其受西方价值理念影响更深，这些都为中国在拉美地区软实力的构建带来了特殊的挑战。

　　长期以来，学界对中国和拉美地区关系的研究较多关注于硬实力相关的政治和经济领域，而对于中国在拉美软实力的研究相对较少，且较为分散。本书通过对中国在拉美软实力的现状及存在的问题的考察，分析其遭遇瓶颈的原因，以便了解中国应如何在拉美更好地加强软实力建设。

本书包括导论、正文和结语三个部分，正文共有三章，主要研究内容如下：

第一章：中国在拉美软实力的现状。在梳理后冷战时期中国与拉美政治、经贸和文化关系发展的基础上，分析中国在拉美拥有的软实力资源，并对国际民意调查机构的数据和国外学者对中国在拉美国家形象的评价进行分析，考察中国在拉美的国家形象，以此了解中国在拉美软实力建设的效果。

第二章：中国在拉美软实力不足的原因分析。主要从中拉文化差距、中国对拉文化交流和文化传播相对滞后、西方话语霸权在拉美的影响、拉美历史的伤痛及其引发的对华疑虑、戒备和矛盾心态、中国软实力实现方式中存在的问题，以及中国国内问题对中国软实力的影响这六个方面进行分析。

第三章：案例研究。选取中国在拉企业、拉美孔子学院和拉美来华受训高级军官对华观感三个案例，对中国在拉企业和孔子学院发展的现状、面临的限制性因素及提升软实力的方法进行分析。同时，利用笔者长期接触拉美高级军官的工作优势，对拉美来华受训高级军官进行深度访谈，了解其对中国的观感，以此考察中国在拉美的软实力状况。

周宸伊

目　　录

第一章　中国在拉美软实力的现状

第三章　案例研究

表索引

导　　论

一、研究缘起与概念界定

拉美是中国开展全方位外交、拓展与发展中国家关系的重要组成部分。随着整体实力的不断增强和国际地位的不断提升，拉美国家已经成为国际社会一支不可忽视的力量。拉美国家丰富的自然资源、新兴工业国家的身份和日益凸显的国际政治经济影响力决定了中国必须高度重视与拉美国家伙伴关系的建设。

进入 21 世纪以来，中国和拉美国家的关系得到了飞速发展。双方经贸合作不断加强、政治交往日益密切、人文交流不断深化。2014 年 7 月习近平主席在访问巴西等拉美国家期间，与拉美国家领导人一致决定打造"中拉命运共同体"。2015 年和 2018 年分别在北京和智利圣地亚哥举行的"中国—拉共体论坛"第一届和第二届部长级会议更是推动了中拉关系的跨越式发展。

20 世纪 90 年代，美国学者约瑟夫·奈（Joseph Nye）提出了软实力（soft power）的概念。这一概念的提出引起了各国学界和政界的高度重视。世界许多国家尤其是大国都纷纷开始重视软实力建设，大力提升软实力也已成为中国发展战略和对外战略中的重要内容。近年来，中国不断加大软实力建设的投入，在拉美建立多所孔子学院，开展文化交流活动，加大媒体宣传力度。然而，其效果究竟如何，中国在拉美的软实力现状究竟怎样，又存在哪些问题，这些都值得我们深入研究和思考。

中拉之间不存在领土纠纷、历史积怨，可以说拉美国家与中国没有根本的利害冲突。拉美国家与中国同属发展中国家，因此在政治、经济、社会等方面有着不少相似点，这些都是有利于中国在拉美软实力建设的因素。然而，中拉之间距离遥远，语言、意识形态、宗教信仰、文化背景、社会制度等方面分属不同体系，这给中拉相互理解带来了一定困难。此外，与政治、经济领域相比，中拉社会和文化交流依然相对滞后。在这样的背景下，我们发现，事实上中国和拉美对彼此的认知仍存在一定的偏差，中国在拉美的形象也存在诸多问题，"中国威胁论"和"新殖民主义论"在拉美还有相当的存在土壤。可以说，中国对拉美软实力建设还存在重重阻碍。因此，本书以中国在拉美的软实力为研究对象，考察中国在拉美软实力的现状及存在的问题，并分析其遭遇瓶颈的原因，以便了解中国应如何在拉美更好地加强软实力建设。

对于软实力的概念，国内外学界还存在许多争论。软实力概念的提出者约瑟夫·奈也不断对软实力的内涵和来源等问题的论述进行着调整和完善。本书主要依据美国学者约瑟夫·奈近期对于软实力的阐述来界定这一概念。

在《权力大未来》一书中，约瑟夫·奈认为，"软实力是通过议程设置、说服和吸引等同化手段得到想要的结果的能力"，[①] 它是与通过胁迫、欺骗和收买达到预期目的的"硬实力"相对的一种概念。"一国的软实力主要依赖于三种基本资源：它的文化（在对他人有吸引力的地方发挥作用）、它的政治价值观（当它在国内外遵循这些价值观时发挥作用）以及它的对外政策（在他人认为这些政策合法且具有道德权威时发挥作用）。"[②] 但是奈又指出：文化、价值观和政策并不是仅有的软实力资源，经济资源和军事资源同样也可以产生软实力行为。也就是说，软实力相关资源和硬实力相关资源并不是绝对的。所以，简言之，软实力就是一种吸引力，而软实力资源就是能够产生吸引力的有形和无形资源。对资源使用方法的不同才是区分软、硬实力的主要手段。

二、研究现状

（一）关于中国软实力的研究

1990 年，约瑟夫·奈出版了《注定领导世界：美国权力性质的变迁》一书，并在《外交政策》杂志上发表了《软实力》一文，最早明确提出了"软实力"的概念。2004 年，奈在其《软力量——世界政坛成功之道》中对软实力理论进行了比较系统的阐述，并指出，

①　[美] 约瑟夫·奈：《权力大未来》，王吉美译，北京：中信出版社，2012 年，第 22 页。
②　[美] 约瑟夫·奈：《权力大未来》，第 120 页。

中国的软实力资源正在迅速扩张，但是当前中国的软实力资源各项排名还不高，与欧洲、美国相比还有较大差距。① 2005 年，约瑟夫·奈在《华尔街日报》发表了一篇题为《中国软实力的崛起》的文章。文章认为，中国软实力的崛起可能影响美国的利益，美国应对此引起重视。② 近年来，除了奈以外，其他国外学者也对中国的软实力进行了广泛关注和研究。英国学者乔舒亚·库珀·雷默（Joshua Cooper Ramo）写了一篇题为《北京共识》的文章，认为中国摸索出了一套适合自身国情的发展模式，该模式为许多发展中国家效仿，产生了极大的吸引力。③ 美国学者乔舒亚·科兰兹克（Joshua Kurlantzick）出版的《魅力攻势——中国软实力如何改变世界?》则是西方第一本系统研究中国软实力的专著，系统阐述了中国软实力发展给亚洲和全世界带来的深远影响。④ 其他较有代表性的著作和论文有：《龙的隐形翅膀：中国软实力是如何崛起的》⑤《中国的魅力：中国软实力的暗示》⑥《中国软实力的来源和限制》⑦《龙的软肋：对中国软实力

---

① ［美］约瑟夫·奈:《软实力——世界政坛成功之道》，吴晓辉、钱程译，北京：东方出版社，2005 年，第 95—96 页。

② Joseph S. Nye, "The Rise of China's Soft Power," *The Wall Street Journal Asia*（Dec. 29, 2005）.

③ Joshua Cooper Ramo, *The Beijing Consensus*, London: Foreign Policy Centre, 2004.

④ Joshua Kurlantzick, *Charm Offensive: How China's Soft Power is Transforming the World*, New Haven and London: Yale University Press, 2007.

⑤ Shen Ding, *The Dragon's Hidden Wings: How China Rise with Its "Soft Power"*, New York: Lexington Books, 2008.

⑥ Joshua Kurlantzick, "China's Charm, Implications of Chinese Soft Power," *Policy Brief*, Vol. 47 (Jun., 2006).

⑦ Bates Gill and Yanzhong Huang, "Source and Limits of Chinese Soft Power," *Survival*, Vol. 48, No. 2（2007）.

的分析》① 等。

　　国内对于软实力的研究具体可分为两个阶段。第一阶段：1993—2003 年。这一阶段中国对软实力的研究数量相对较少，层次较浅，以译介、评述约瑟夫·奈的软实力理论为主。第二阶段：2004 年至今。这一阶段有关软实力的研究无论是在深度上还是广度上都有所增加，取得了不少优秀成果；除了介绍约瑟夫·奈的软实力理论外，研究重点主要集中在阐述中国软实力的内涵、构成要素、构建的必要性和建设路径等。主要代表著作有：《中国：软实力方略》②《国际体系与中国的软力量》③《强大的无形力量：文化对当代国际关系的作用》④ 等，论文有《中国软实力评估报告（上）》⑤《中国软实力评估报告（下）》⑥《试论全球化背景下中国软实力的构建》⑦《中美软实力比较及其对中国的启示》⑧《新国际主义与中国软实力外交》⑨《中国软实力的兴起及其对美国的影响》⑩ 等。

---

① Yan Zhonghuang and Shen Ding, "Dragon's Underbelly: An Analysis of China's Soft Power," *East Asia*, Vol. 23, No. 4（Winter, 2006）.

② 门洪华主编：《中国：软实力方略》，杭州：浙江人民出版社，2007 年。

③ 刘杰主编：《国际体系与中国的软力量》，北京：时事出版社，2006 年。

④ 俞新天：《强大的无形力量：文化对当代国际关系的作用》，上海：上海人民出版社，2007 年。

⑤ 门洪华：《中国软实力评估报告》（上），《国际观察》2007 年第 2 期，第 15—26 页。

⑥ 门洪华：《中国软实力评估报告》（下），《国际观察》2007 年第 3 期，第 37—46 页。

⑦ 陈玉刚：《试论全球化背景下中国软实力的构建》，《国际观察》2007 年第 2 期，第 36—59 页。

⑧ 方长平：《中美软实力比较及其对中国的启示》，《世界经济与政治》2007 年第 7 期，第 21—7 页。

⑨ 郭树勇：《新国际主义与中国软实力外交》，《国际观察》2007 年第 2 期，第 43—52 页。

⑩ 约瑟夫·奈、王缉思：《中国软实力的兴起及其对美国的影响》，《世界经济与政治》2009 年第 6 期，第 6—12 页。

国内外学者在其关于中国软实力的综合性探讨中，对中国软实力的现状、存在的问题、面临的挑战，以及如何建设中国的软实力等问题均有一定论述。许多国内学者认为中国硬实力与软实力的发展失衡是中国软实力建设面临的一大问题，而这种失衡主要表现在其文化软实力过于薄弱。还有学者认为中国的形象遭遇"软打击"[①]是其软实力建设中不可回避的一大挑战。[②] 海外学者则多从中国的文化、意识形态或价值观缺乏吸引力，以及中国外交政策的合法性遭质疑等角度论述中国软实力的不足。例如，美国战略与国际研究中心的学者们认为，中国软实力的问题在于缺乏一个协调的软实力战略，此外国内政治、社会经济和环境的挑战将限制中国软实力的发展。[③]

（二）关于中拉关系的研究

近年来，随着中拉政治经济关系的迅速升温，拉美学者对中拉关系的探讨有所增加，如《拉丁美洲与加勒比—中国：政治与国际关系》[④]《中国在拉美的合作：援助对发展的影响》[⑤]《中国、拉丁美

---

① "软打击"指的是这样一种国际博弈策略：其意在"将国际竞争对手的形象'妖魔化'，使之处于道德上的'不义'境地，进而形成更不容易为他人所接受的'负面形象'"。参看刘明、郭素萍：《警惕"软打击"对国家形象的影响》，《中国党政干部论坛》2007年第1期，第18页。

② 参见房桦：《十年来中国软实力发展研究综述》，《现代国际关系》2009年第1期，第56—60页；徐艳红、伍小乐：《中国软实力理论研究综述》，《前沿》2008年第6期，第18—20页。

③ Carola McGiffert, *Chinese Soft Power and Its Implications for the US: Competition and Cooperation in the Developing World*, Washington: Centre for Strategic and International Studies, 2009.

④ José Ignacio Martínez Cortés, *América Latina y El Caribe-China: Relaciones Políticas e Internacionales* (《拉丁美洲与加勒比—中国：政治与国际关系》), Mexico: Red ALC-China, UDUAL, UNAM and Cechimex, 2013.

⑤ Adriana Erthal Abdenur and Danilo Marcondes de Souza Neto, "Cooperación China en América Latina. Las Implicaciones de la Asistencia para el Desarrollo," (《中国在拉美的合作：援助对发展的影响》) *Íconos. Revista de Ciencias Sociales*, No. 47 (Sep. 2013), pp. 69–85.

洲和加勒比：积极关系的两面》① 《魔幻现实主义？中国和印度在拉丁美洲和非洲》② 《拉丁美洲和中国：恐惧和现实》③ 《中国与拉丁美洲合作与发展的新角度：第二条丝绸之路?》④ 等，这些文集和论文对中国与拉美地区关系、中国与拉美国家双边关系、中国对拉政策等进行了梳理，中间也包含中国对拉美国家来说究竟是机遇还是威胁的讨论。

国内对于中拉关系的论述中，吴白乙等撰写的《转型中的机遇：中拉合作前景的多视角分析》一书，从中拉经贸合作转型、中拉能源合作、中拉安全合作、外交合作等多角度分析了中拉合作的现状与前景。⑤ 贺双荣主编的《中国与拉丁美洲和加勒比国家关系史》一书将中国和拉丁美洲关系发展的历程分成 7 个阶段，对各个阶段的特征状况进行了深入研究。⑥ 此外，还有一些学术论文对中拉关系的历史阶段、重要性、特点、机遇和挑战及未来发展等方面进行了讨论，

①　Renato Balderrama Santander and Selene Martínez, "China, América Latina y el Caribe: el Doble Filo de una Relación Positiva," （《中国、拉丁美洲和加勒比：积极关系的两面》） UNISCI Discussion Papers, No. 24 （Oct. , 2010）, pp. 113-133.

②　Javier Santiso, "¿Realismo Mágico? China e India en América Latina y África," （《魔幻现实主义？中国和印度在拉丁美洲和非洲》） Economía Exterior, No. 8 （Oct. , 2006）, pp. 59-69.

③　Martín Pérez Le-Fort, "América Latina y China: Temores y Realidades," （《拉丁美洲和中国：恐惧和现实》） Anuario Asia-Pacífico 2008, Madrid: CIDOB-RIE, 2009, pp. 91-98.

④　Sergio Cesarín and Carlos Moneta, China y América Latina: Nuevos Enfoques sobre Cooperación y Desarrollo: ¿Una Segunda Ruta de la Seda? （《中国与拉丁美洲合作与发展的新角度：第二条丝绸之路?》） Buenos Aires: Editorial BID-INTAL, 2005.

⑤　吴白乙等：《转型中的机遇：中拉合作前景的多视角分析》，北京：经济管理出版社，2013 年。

⑥　贺双荣主编：《中国与拉丁美洲和加勒比国家关系史》，北京：中国社会科学出版社，2016 年。

如：《当前的中拉关系特点评析》①《构筑面向 21 世纪的中拉关系》②《试论新时期中拉关系的战略性》③《中拉关系如何面向未来》④《当前中拉合作的成效与深化合作的战略意义》⑤《改革开放 40 年中拉关系回顾与思考》⑥ 等。随着近年来中拉整体合作的开展和中拉关系的提质升级，国内学者对于新阶段中拉关系的发展及如何进一步提升进行了一些探讨，相关文章如《构建中拉"命运共同体"：必要性、可能性及挑战》⑦《中共十八大以来中国对拉美的政策与实践》⑧《进入"建构发展"阶段的中拉关系》⑨ 等。

（三）关于中国在拉美软实力的研究

拉美学者和欧美学者对中国在拉美的软实力有一些初步的讨论，如拉美学者伊莎贝尔·罗德里格斯·阿兰达（Isabel Rodríguez Aranda）和迪亚哥·来伊瓦（Diego Leiva Van de Maele）在其文章《中国外交中的软实力及其对拉美的影响》中灵活运用了约瑟夫·奈

① 杨建民：《当前的中拉关系特点评析》，《拉丁美洲研究》2013 年第 3 期，第 36—41 页。
② 徐世澄：《构筑面向 21 世纪的中拉关系》，《国际论坛》1999 年第 1 期，第 29—34 页。
③ 牛海彬：《试论新时期中拉关系的战略性》，《拉丁美洲研究》2013 年第 3 期，第 49—52 页。
④ 苏振兴：《中拉关系如何面向未来》，《拉丁美洲研究》2009 年第 5 期，第 18—30 页。
⑤ 刘青建：《当前中拉合作的成效与深化合作的战略意义》，《拉丁美洲研究》2015 年第 5 期，第 28—33 页。
⑥ 谢文泽：《改革开放 40 年中拉关系回顾与思考》，《拉丁美洲研究》2018 年第 1 期，第 11—35 页。
⑦ 贺双荣：《构建中拉"命运共同体"：必要性、可能性及挑战》，《拉丁美洲研究》2016 年第 4 期，第 1—22 页。
⑧ 郭存海：《中共十八大以来中国对拉美的政策与实践》，《拉丁美洲研究》2017 年第 2 期，第 1—16 页。
⑨ 赵重阳、谌园庭：《进入"建构发展"阶段的中拉关系》，《拉丁美洲研究》2017 年第 5 期，第 16—30 页。

对软实力的定义，从文化、政治、经济、军事四个层面对中国在拉美的软实力进行了阐述，认为"中国是拥有软实力的，并已将其纳入外交政策中……中国提出'和平发展'，并通过文化方面（在全球建立孔子学院，进行文化交流和展览）、经济方面（合作和基础设施投资）、政治方面（"北京共识"作为西方模式的一种替代选择）、军事方面（参与联合国维和行动，实现其对国际社会的承诺）产生吸引力"。① 美国学者埃文·埃利斯（Evan Ellis）在其文章《中国在拉美的软实力》中分析了中国在拉美的软实力资源，并指出了中国在拉美软实力的局限性，如文化语言的差异、互不了解、缺乏信任，以及印度、俄罗斯等其他域外大国的影响。② 2008 年美国国会报告《中国的外交政策及其在南美、亚洲和非洲的软实力》从外交、经济、对外援助等方面对中国在拉美的软实力进行了分析。③其他主要著作和论文有：《从软实力角度看中拉关系》④《21 世纪中国软实力

① Isabel Rodríguez Aranda and Diego Leiva Van de Maele, "El Soft Power en La Política Exterior de China: Consecuencias para América Latina," （《中国外交中的软实力及其对拉美的影响》） *Polis. Revista Latinoamericana*, Vol. 12, No. 35 (2013), pp. 1–14.

② Evan Ellis, "Chinese Soft Power in America Latina: A Case Study," *Joint Forces Quarterly*, No. 60 (First Quarter, 2011), pp. 85–91.

③ China's Foreign Policy and Soft Power in South America, Asia, and Africa, a study prepared for the Committee on Foreign Relations, United States Senate by the Research Service, U. S. Government Printing Office, Washington, 2008.

④ Diana Andrea Gómez, "China y su Relación con América Latina. Una Aproximación desde el Poder Blando," （《从软实力角度看中拉关系》） ed. José Ignacio Martínez Cortés, *América Latina y El Caribe-China: Relaciones Políticas e Internacionales*, Mexico: Red ALC-China, UDUAL, UNAM and Cechimex, 2013, pp. 47–64.

在安第斯国家的运用》①《中国的软实力》②《中国的软实力及其对美
国的影响：在发展中世界的竞争与合作》③《从文化外交看中国对拉
美国家的影响》④ 等。

其他关于中国在拉美软实力的讨论则散见于拉美及欧美学者对
中国的"北京共识"、文化外交、公共外交、和平发展、媒体发展
及巧实力等问题的一些论述中，如《中国的崛起——以文化为资源
的外交》⑤《巧实力与中国对拉丁美洲和加勒比的外交政策》⑥《中
国与其和平发展的观点》⑦《中国发现公共外交》⑧《东方吹来的风：
中华人民共和国如何试图影响非洲、拉美和东南亚的媒体》⑨ 等。

国外学界对于"北京共识"的讨论较多一些，如《中国面前的

---

① Raul Montúfar Villacís, "Dinámica del Poder Blando Chino en los Países Andinos del Siglo XXI,"（《21 世纪中国软实力在安第斯国家的运用》）*Jiexi Zhongguo*, Vol. 4（Third Quarter, 2012）, pp. 24-32.

② Fernando Villamizar Lamus, "El Soft Power Chino. Un Acercamiento,"（《中国的软实力》）*Enfoques: Ciencia Política y Administración Pública*, Vol. 9, No. 14（Jun. 2011）, pp. 75-88.

③ Carola McGiffert, *Chinese Soft Power and Its Implications for the US: Competition and Cooperation in the Developing World*, Washington: Centre for Strategic and International Studies, 2009.

④ ［墨］罗默·科奈赫：《从文化外交看中国对拉美国家的影响》，《江苏师范大学学报》2015 年第 6 期，第 14—20 页。

⑤ Carla V. Oliva, "El Ascenso Chino. La Cultura Como Recurso de la Política Exterior,"（《中国的崛起——以文化为资源的外交》）*Escenarios XXI*, Año III, No. 16（Apr. -May, 2013）.

⑥ Fernando Villamizar Lamus, "Smart Power y la Política Exterior de la República Popular de China Hacia América Latina y el Caribe,"（《巧实力与中国对拉丁美洲和加勒比的外交政策》）*Revista Enfoques*, Vol. 10, No. 17（2012）, pp. 33-51.

⑦ Juan González García and Gerardo Morales Lizárraga, "China y su Visión del Desarrollo Pacífico,"（《中国与其和平发展的观点》）*Comercio Exterior*, Vol. 64, No. 3（May-Jun., 2014）, pp. 12-24.

⑧ Jaime Otero Roth, "China Descubre la Diplomacia Pública,"（《中国发现公共外交》）*Anuario Asia-Pacífico 2007*, Madrid: CIDOB-RIE, 2008, pp. 483-493.

⑨ Douglas Farah and Andy Mosher, *Winds from the East: How the People's Republic of China Seeks to Influence the Media in Africa, Latin America, and Southeast Asia*, Washington: The Center for International Media Assistance, 2010.

拉丁美洲：从华盛顿共识到北京共识的转变？》①《华盛顿共识和北京共识之间的拉丁美洲：地区自主一体化的两难和潜力》②《华盛顿共识和北京共识之间社会发展的差距》③《"北京共识"：中国模式的普遍性与特殊性？》④《中国在拉美地区的影响力——华盛顿共识和北京共识》⑤等。这些文章多将"北京共识"与"华盛顿共识"进行对比，分析其对拉美地区的影响及其在拉美的适用性。

　　国内学界对于中国在拉美的软实力这一问题的研究同样较少。韩琦主编的论文集《拉丁美洲文化与现代化》，集中了国内学者对拉丁美洲文化、中国在拉美软实力及中拉文化交流的一些学术成果。⑥还有一些其他学术论文如《中国在拉丁美洲的软实力建设》⑦《中国

① Ariel M. Slipak, "América Latina ante China：¿ Transición del Consenso de Washington al Consenso de Beijing?"（《中国面前的拉丁美洲：从华盛顿共识到北京共识的转变？》）*Jornadas de Economía Crítica*（Oct. , 2014）.

② Jaime Preciado and Pablo Alejandro González, "América Latina, entre el Consenso de Washington y el Consenso de Beijing：Dilemas y Potencialidades de la Integración Regional Autónoma,"（《华盛顿共识和北京共识之间的拉丁美洲：地区自主一体化的两难和潜力》）see http：//www. academia. edu/2635913/Rivalidades_entre_el_Consenso_de_Washington_y_el_Consenso_de_Beijing. _Su_impacto_en_Latinoamerica.

③ Jaime Preciado, "Entre el Consenso de Washington y el Consenso de Beijing. Las Brechas del Desarrollo Social,"（《华盛顿共识和北京共识之间社会发展的差距》）*Revista Universitaria de Desarrollo Social*, No. 1（Jun. -Nov. , 2011）, pp. 13-25.

④ Enrique Fanjul, "El 'Consenso de Beijing'：Universalidad y Particularidad del Modelo Chino?"（《"北京共识"：中国模式的普遍性与特殊性？》）*La Nueva Geografía de la Internacionalización*, No. 859（Mar. -Apr. , 2011）, pp. 47-53.

⑤ Jorge Sanz, "La Influencia de China en Latinoamérica. El Consenso de Washington y el de Beijing,"（《中国在拉美地区的影响力——华盛顿共识和北京共识》）*Cuadernos de Pensamiento Político FAES*, No. 37（Jan. -Mar. , 2013）, pp. 145-166.

⑥ 韩琦主编：《拉丁美洲文化与现代化》，北京：社会科学文献出版社，2013 年。

⑦ 冉继军：《中国在拉丁美洲的软实力建设》，《拉丁美洲研究》2014 年第 3 期，第 35—55 页。

在拉美的软实力：汉语传播视角》①《中国的国家形象构建：拉美的视角》②《试析中国对拉美的公共外交》③《新形势下中国对拉美国家的公共外交》④《试论 21 世纪中国与拉美国家关系发展中的文化因素》⑤《试论中国与拉丁美洲的文化贸易》⑥《中国对拉美的文化传播：文学的视角》⑦ 等，分别从汉语传播、国家形象、公共外交、文化等角度对中国在拉美的软实力进行了阐述。冉继军在《中国在拉丁美洲的软实力建设》中分析了中国在拉美软实力的构建及其面临的挑战。⑧ 马洪超和郭存海在《中国在拉美的软实力：汉语传播视角》中认为中国在拉美的软实力亟待提高。文章基于对拉美汉语学习者的问卷调查，分析如何通过汉语的传播来增强文化传播的有效性，扩大拉美对中国的正面认知，以建设与中国在拉美的经济存在相匹配的文化软实力。⑨ 此外还有高伟浓教授的《拉丁美洲华人华侨移民史、社团与文化活动远眺（上册）》和《拉丁美洲华人华侨移

① 马洪超、郭存海：《中国在拉美的软实力：汉语传播视角》，《拉丁美洲研究》2014 年第 6 期，第 48—54 页。

② 郭存海：《中国的国家形象构建：拉美的视角》，《拉丁美洲研究》2016 年第 5 期，第 43—58 页。

③ 左品：《试析中国对拉美的公共外交》，《国际观察》2014 第 5 期，第 146—157 页。

④ 黄忠：《新形势下中国对拉美国家的公共外交》，《拉丁美洲研究》2015 年第 2 期，第 60—66 页。

⑤ 程洪、杨悦：《试论 21 世纪中国与拉美国家关系发展中的文化因素》，《拉丁美洲研究》2017 年第 3 期，第 140—153 页。

⑥ 程洪：《试论中国与拉丁美洲的文化贸易》，《拉丁美洲研究》2007 年第 4 期，第 16—18 页。

⑦ 楼宇：《中国对拉美的文化传播：文学的视角》，《拉丁美洲研究》2017 年第 5 期，第 31—44 页。

⑧ 冉继军：《中国在拉丁美洲的软实力建设》，《拉丁美洲研究》2014 年第 3 期，第 35—55 页。

⑨ 马洪超、郭存海：《中国在拉美的软实力：汉语传播视角》，第 48—54 页。

民史、社团与文化活动远眺（下册）》对华人华侨在拉美的发展情况、文化活动及对拉美社会的影响力等进行了介绍。[①]

现有国内外相关研究为本书探寻中国在拉美究竟有哪些软实力资源、软实力现状究竟如何、问题在哪里等议题提供了研究思路和基本框架。尤其是拉美学者对中国软实力的研究，提供了拉美方面看待中国的视角，这本身就是中国审视自身在拉美软实力状况的良好依据。例如，拉美学者对中国的外交政策、中国文化、中国对拉美究竟是机遇还是挑战，以及对"北京共识"等具体问题的讨论，其实从一个侧面反映出了拉美国家对中国各个方面的观感和看法。

此外，皮尤全球态度调查（Pew Global Attitudes Surrey）、安霍尔特—捷孚凯国家品牌指数（Anholt-GfK Roper Nation Brands Index）、拉美晴雨表（Americas Barometer）等国际知名民意调查机构的数据，为考察中国在拉美的软实力现状也提供了相关依据。

虽然现有研究对中国在拉丁美洲软实力的相关问题有了一定的讨论，但总体来说研究还不够深入，尤其对中国在拉美软实力的现状和软实力建设面临的问题及其原因等问题没有进行过系统梳理。因此有必要对这些内容进行深入研究。

---

① 高伟浓：《拉丁美洲华侨华人移民史、社团与文化活动远眺（上册）》，广州：暨南大学出版社，2012 年；高伟浓：《拉丁美洲华侨华人移民史、社团与文化活动远眺（下册）》，广州：暨南大学出版社，2012 年。

第一章　中国在拉美软实力的现状

　　拉丁美洲是指地处美国以南的、主要以拉丁语系语言为官方语言的美洲大陆及附近岛屿地区。拉美国家众多，国情各异，其在意识形态、经济发展、外交导向、对华关系等方面有着一定的差异。从政府的政治倾向来看，拉美有社会主义国家古巴、以委内瑞拉为代表的激进左翼，以及以哥伦比亚为代表的传统右翼。委内瑞拉、玻利维亚、厄瓜多尔等玻利瓦尔联盟国家积极与美抗衡；哥伦比亚则与美保持密切的盟友关系。从对华关系来看，在拉美33个国家中，24个与中国建交，9个国家还没有与中国建交。在与中国的经贸交往上，智利等国与中国互补性较高，双边经贸关系发展比较迅速，而墨西哥及一些中美洲国家则因与中国在产业结构和出口结构上的相似性，在国内和国际市场上存在较大竞争。

　　虽然拉美国家之间存在诸多差异，但总体而言，拉美国家主要是西班牙、葡萄牙的前殖民地，三个世纪的殖民统治使拉美在文化、语言、宗教、风俗习惯、价值观念、思维方式等多方面直接传承了西班牙和葡萄牙，因此相互间有着强烈的共性。此外，拉美国家均为发展中国家，在经济、社会、外交等方面存在着许多共通性。正如英国学者维克多·布尔默–托马斯所说的："拉丁美洲……的共同因素要比将非洲各国联结在一起或将亚洲各国联结在一起，甚至将欧洲各国联结在一起的共同因素还要多"。[①] 因此，我们仍可以将拉美大致作为一个整体来看待。但是，依然还是要注意中国与个别拉美国家关系的特殊情况，以及中国在不同拉美国家软实力的特点。

中国与拉美国家有着悠久的交往历史和传统友谊。中华人民共和国成立以来，中拉关系由"民间外交"到"建交高潮"，由"政冷经热"到"政热经热"，进而带动人文交流的不断加强。在中拉关系中，以合作和吸引为特征的"软实力外交"正在发挥越来越重要的作用。

第一节　后冷战时代中国与拉美关系的大发展

中拉关系源远流长，从 16 世纪末和 17 世纪前半期开始，中国的丝绸、瓷器和棉纱等货物通过"海上丝绸之路"进入美洲大陆，而美洲的银圆通过商品交换流入中国。从 19 世纪中叶起，中国华南一些地方的 10 万多名农民来到了南美大陆和西印度群岛的部分国家，与当地人民一起开发矿业和农业，部分华人还参加了当地人民争取民族独立的斗争。

---

① 转引自董国辉：《拉丁美洲民主政治的文化分析》，《拉丁美洲研究》2010 年第 2 期，第 37 页。

　　中华人民共和国成立后的 20 年，中国政府在拉美地区积极开展民间外交，以民促官。这一时期，虽然拉美地区一些国家希望与新中国建立外交关系，但是由于受美国的影响和控制，拉美国家不得不追随美国保持同中国台湾当局的"外交关系"。20 世纪 70—80 年代，中拉关系迎来了两次建交高潮，中国与拉美大多数国家建立了外交关系，为之后中拉政治、经济、人文等交流的发展奠定了坚实的基础。

　　冷战结束后世界格局发生了巨大变化，世界多极化趋势的发展，为中拉关系的发展提供了广阔的空间。经济全球化的迅猛推进，使中拉之间相互依存度不断加深。面对新的国际形势，中国积极调整外交政策，更加重视发展与拉美国家的关系，以建立新的外交格局。20 世纪 90 年代以来，中拉关系更加密切，高层互访频繁，政治互信不断增强；贸易投资互通互利，经济合作不断提升；文化教育互学互鉴，人文交流不断深化。

一、双方高层互访频繁，机制建设提升政治互信

　　1990 年 5 月，中国国家主席杨尚昆对墨西哥、巴西、乌拉圭、阿根廷和智利进行了国事访问，这是中国国家元首首次访问拉美国家。此后，中国国家主席江泽民先后三次访问拉美，打开了中国与拉美建立战略伙伴关系的窗口。进入 21 世纪以后，中国对拉美战略更加主动，中拉高层互访更加频繁。胡锦涛担任国家主席期间曾五次访问拉美。习近平担任国家主席后，分别于 2013 年、2014 年和

2016 年三次访问拉美，足迹遍布 10 个拉美国家，并在双边和多边场合同所有的拉美建交国领导人会面，就治国理政、各领域交流合作、重大国际地区问题等议题深入交换意见，达成许多共识与成果。如2014 年习主席访拉期间提出构建中拉关系"五位一体"新格局和务实合作"1+3+6"新框架，2016 年访拉期间，习主席在秘鲁国会向拉美地区发表重要演讲，倡议共同打造中拉命运共同体。李克强总理也于 2015 年访问拉美。

自 2000 年以来，与中国建交的 24 个拉美国家的共 100 多位国家元首、议长和政府首脑访问中国。20 世纪末和 21 世纪初，委内瑞拉、巴西、智利、厄瓜多尔、阿根廷、乌拉圭、玻利维亚、尼加拉瓜等国家左派纷纷崛起并上台执政，在政治上与中国拉近了距离，增进了国家间的政治互信。委内瑞拉前总统查韦斯生前曾 6 次访华，是访华次数最多的拉美国家领导人。近年来，新右派在拉美一些国家重新崛起，但是其政策主张务实、温和，均注重发展对华友好关系。阿根廷右翼总统马克里分别于 2016 年和 2017 年访华，并参加由中国主办的二十国集团领导人峰会和"一带一路"国际合作高峰论坛。这充分说明，加强中拉关系已经成为拉美社会各界、各政治派别的共识。①

中拉高层不仅直接交往频繁，而且建立了多种政治磋商机制，使对话与合作不断完善。1993 年，巴西成为中国外交史上的第一个

---

① 赵重阳、谌园庭：《进入"构建发展"阶段的中拉关系》，《拉丁美洲研究》2017 年第 5 期，第 23 页。

"战略伙伴"，此后，中国与拉美多国建立了多种形式的伙伴关系。中国与巴西、墨西哥、秘鲁、阿根廷、委内瑞拉、智利和厄瓜多尔 7 国建立了"全面战略伙伴关系"；与哥斯达黎加、乌拉圭建立"战略伙伴关系"；与牙买加、圭亚那等加勒比国家建立"共同发展的友好关系"；与特立尼达和多巴哥建立"互利发展的友好关系"，形成了多层次、立体化的大格局。这些机制为双边关系的发展提供了强大动力，增进了相互了解和信任，为双方在各领域加强合作、在国际事务中相互协调与配合提供了制度化保障。

中共十八大以来，中拉整体合作取得突破性进展。习近平主席 2013 年访拉期间，积极推动建立以"中拉合作论坛"为核心的中拉整体合作机制，得到各方积极响应。2014 年 7 月，习近平主席第二次访问拉美，在巴西利亚首次中拉领导人会晤后，发布了《中国—拉美和加勒比国家领导人巴西利亚会晤联合声明》，宣布正式建立中国—拉美和加勒比国家共同体论坛，并明确了平等互利、共同发展的中拉全面合作伙伴关系这一新定位。2015 年年初，中拉论坛首届部长级会议在北京成功举行，标志着中拉论坛正式启动，形成了历史上首个涵盖中国同拉美和加勒比地区所有国家的合作平台。几年来，中拉论坛步入良好的运行轨迹，举行了两次"四驾马车"外长对话会，每年召开国家协调员会议，先后举办 17 场分论坛活动，为落实双方政治共识提供了机制保障。2018 年，中拉论坛第二届部长会议在智利成功举行，会议提出了以共建"一带一路"引领中拉关系的重要倡议，开启了中拉整体合作的新篇章。

在相互交往中，中国与拉美国家形成了广泛的政治共识。中国和拉美同属发展中国家，有着共同的身份认同、理念和利益诉求。推动世界多极化、促进国际关系民主化、构建国际政治经济新秩序是中拉双方共同努力的方向；维护世界和平与地区稳定以及发展中国家的利益，是中拉双方共同的政治需求；解决发展中的共性问题是中拉双方的现实需要。中拉双方在涉及彼此核心利益和重大问题上相互理解，相互支持。中国积极支持拉美国家探索适合本国国情的发展道路及维护国家主权和领土完整所做的努力；拉美建交国在涉台、涉藏、涉疆等问题上一贯给予中国理解和支持。中拉双方还在联合国、亚太经合组织、二十国集团、金砖国家组织等国际组织和多边机制框架下，围绕联合国改革、可持续发展、气候变化、网络安全、反对恐怖主义等共同关切的问题展开了广泛的合作。

二、贸易投资成效显著，推进经济合作不断提升

自 2000 年以来，中拉贸易迅速增长。据中国海关统计，2000 年中拉贸易额只有 126 亿美元，2017 年则达到 2578.5 亿美元，[①] 增长了近 20 倍。近年来，双方贸易额增长速度虽有放缓，但仍保持上升趋势。中国已成为拉美地区的第二大贸易伙伴，是巴西、智利、秘鲁、乌拉圭的第一大贸易伙伴，墨西哥、阿根廷、哥伦比亚、委内瑞拉、古巴、哥斯达黎加等国的第二大贸易伙伴；同时也是巴西、

---

① 赵本堂：《努力推动中拉关系在更高水平上向前发展》，《拉丁美洲研究》2018 年第 1 期，第 6 页。

智利、秘鲁的第一大出口市场，阿根廷、哥伦比亚的第二大出口市场。中国已经与智利完成自贸协定升级，与秘鲁启动自贸协定升级谈判，同巴拿马和哥伦比亚启动自贸协定联合可行性研究，同乌拉圭就签署自贸协定进行磋商。

中拉投资也得到了迅速发展。2003 年中国对拉美的直接投资仅为 46 亿美元，[①] 2016 年达 272.3 亿美元，累积直接投资存量达 2071.5 亿美元，占中国对外投资总量的 15.3%，拉美地区已成为仅次于亚洲的中国海外投资第二大目的地。[②] 中国企业看好拉美长期发展，截至 2016 年年底，中国在拉企业共计 2058 家，中石油、海尔、华为等中国知名企业都积极参与与拉美国家的合作。中拉的合作涵盖能源矿产和基础设施等传统领域，并逐渐向农业、制造业、信息产业、服务业、电子商务、航空运输等诸多领域拓展。2016 年，中国企业在拉美新签承包工程合同额达 191.2 亿美元，累计合同额达 1450 亿美元。

中拉还开展了形式多样的金融合作。2012 年，中国政府宣布设立首期 50 亿美元的中拉合作基金和 100 亿美元的中拉基础设施合作专项贷款。2014 年 7 月，中国宣布总额为 350 亿美元的对拉一揽子融资举措，其中 170 多亿美元已经安排落实，惠及了 20 多个拉美和加勒比国家的 80 多个民生项目。2015 年李克强总理宣布设立 300 多亿美元的中拉产能合作基金，该基金目前已经启动，并成立了专门

---

① 徐曼：《中国与拉美地区经贸合作成果显著》，《中国经济时报》2014 年 10 月 9 日，第 4 版。

② 赵本堂：《努力推动中拉关系在更高水平上向前发展》，第 7 页。

的基金有限责任公司。中国还分别与巴西、阿根廷、苏里南、智利签署了本币互换协议，涉及金额总计 2830 亿人民币，并在阿根廷和智利分别设立人民币清算银行。此外，中国工商银行、中国银行、中国建设银行、中国交通银行已在拉美设有 10 多家分支机构。巴西、秘鲁、委内瑞拉、智利、玻利维亚、阿根廷、厄瓜多尔先后获准加入亚洲基础设施投资银行。

面对当前复杂的世界经济金融环境，中拉创新合作模式，实现了合作的提质升级。2014 年，习近平主席访问拉美期间提出了务实合作的"1+3+6"框架，即"一个规划"(《中国与拉美和加勒比国家合作规划（2015—2019）》)、"三大引擎"（以贸易、投资和金融合作为动力）、"六大重点领域"（以能源资源、基础设施建设、农业、制造业、科技创新、信息技术为合作重点）。2015 年李克强总理访问拉美期间，就中拉产能合作事宜提出了"3×3"模式，即共建拉美物流、电力、信息三大通道，实现企业、社会、政府三者良性互动，拓展基金、信贷、保险三条融资渠道。在这些新的合作机制和举措的激励下，中拉以产能合作为突破口，取得了很多阶段性的重要成果。中拉传统贸易模式正经历转型升级，双方贸易结构不断优化，新的发展动力和增长点不断涌现。中国对拉投资快速增长，其中基础设施建设投资成为新的增长点，同时，投资方式和投资主体更加多元，投资领域更加宽广。

经过多年的发展，中国和拉美已经形成利益互融、相互依存的关系。中拉相互成为对方重要的贸易、投资和金融伙伴。中国的经济增长有利于拉美的发展，同时拉美的繁荣稳定也有利于中国的发展。中拉经济存在高度的互补性，双方又有着良好的合作意愿，随着拉美开始对接"一带一路"倡议，中拉经济将迎来更广阔的发展未来。

三、人文交流不断深化，促进民间往来与相互了解

中国和拉美都有悠久的历史和灿烂的文化。16 世纪后期明朝万历年间，华人到达墨西哥、秘鲁等拉美国家，开创了中拉人文交流的历史。自从 1960 年新中国与古巴建立外交关系以来的半个多世纪里，中拉文化交流与合作取得了较快的发展。中国派遣了许多文化代表团，如表演艺术团体、体育队、艺术家、作家去拉美国家访问交流，还在拉美国家举办中国电影周、文化周、考古文物展、摄影展、工艺美术展、邮票展等。与此同时，拉美国家也有众多政府文化代表团、艺术团体来中国交流献艺。中拉之间在新闻出版、广播、电影、电视、文物、博物馆以及人力资源开发等方面也进行了广泛的交流与合作。

进入 21 世纪，中拉文化交流更加活跃，在中国民间兴起了一股"拉美热"。拉美的电影、拉丁舞、文化艺术作品、流行歌曲传入中国，成为时尚。而中国的美术、武术、针灸医术在拉美广受欢迎，"中国热"也在拉美悄然兴起。近年来，中国文化部每年春节期间在海外举办"欢乐春节"庙会、"新春庙会""春之韵"音乐会，派团组赴拉美多国巡回演出；同时，联合拉美国家在中国举办"拉美艺

23

术季"、加勒比"音乐节",还互办"文化月"。例如,2013 年中国在巴西举办了"中国文化月",巴西在中国举办了"巴西文化节"。2010 年,"中拉智库交流论坛"机制创立,2012 年,在墨西哥城设立了拉美地区首个中国文化中心。近年来,拉美地区还兴起了"汉语热"。中国在拉美地区的 20 个国家开设了 39 所孔子学院和 18 个孔子课堂,又在孔子学院所在国开设了分支教学机构,拉美国家的许多学校也开设了汉语教学课程。2013 年以来,拉美艺术季连续多年在华开展,来自拉美和加勒比国家的艺术展览和文艺演出增进了中拉人民对彼此文化的了解。

中共十八大以来,中国高度重视文明互鉴和文化交流。2014 年在巴西利亚同拉美领导人会晤时,习近平主席宣布将"人文上互学互鉴"作为中拉关系"五位一体"新格局的有机组成部分,宣布未来五年内向拉美和加勒比国家提供 6000 个政府奖学金名额、6000 个赴华培训名额以及 400 个在职硕士名额,邀请 1000 名拉美和加勒比国家政党领导人访华访问交流,并于 2015 年启动"未来之桥"中拉青年领导人千人培训计划。① 不仅如此,2016 年习主席在秘鲁国会演讲中再次将人文交流升级,提出中方将加强对拉美技术转让和人力资源合作,未来三年在现有基础上把各类对拉美培训名额增至 1 万人;同时,宣布 2017 年在北京设立中拉新闻交流中心,邀请拉美媒

---

① 习近平:《努力构建携手共进的命运共同体——在中国—拉美和加勒比国家领导人会晤上的主旨讲话》,新华网,http://www.xinhuanet.com/politics/2014-07/18/c_1111688827.htm,访问日期:2015 年 7 月 28 日。

体记者赴华工作和学习。① 正是在这些积极政策的推动下，中拉人文交流持续走热，获得了蓬勃的发展。截至 2015 年，中国已与拉美地区建交国家中的 19 个国家签有文化协定，在此框架内与 11 个国家签署了年度文化交流执行计划，并据此在文化艺术、广播影视、文物保护、新闻出版、体育和旅游等领域开展广泛深入的双边文化交流。② 2016 年"中拉文化交流年"在北京成功举办，开展了演出、展览、论坛、电影展映、图书节、旅游推介等多种形式的活动；双方各领域的交流项目达上百个，覆盖近 30 个拉美和加勒比国家。同年，首届中拉媒体领袖峰会在智利举办，来自中国和拉美及加勒比地区国家的 100 多家主要媒体的负责人共聚一堂，成为双方媒体交往史上的一个创举。2017 年第三届"中国文化年"在墨西哥成功举行，向当地民众展现了真实、立体、多元的中国传统文化和当代中国形象。

此外，中拉智库交流正在为中拉关系的发展注入新鲜动力。2016 年举行的第三届中拉智库论坛中，200 多名与会者就当前中拉关系的重大问题进行了广泛交流和讨论，产生了一批重要的治理成果和良好的社会影响。③ 作为中拉论坛框架下的分论坛，中拉智库论坛用机制化的平台助推中拉人文交流，更好地引导中拉社会舆论。

---

① 习近平：《同舟共济 扬帆远航 创中拉关系美好未来——在秘鲁国会的演讲》，人民网，http://politics.people.com.cn/n1/2016/1122/c1001-28886876.html，访问日期：2016 年 12 月 28 日。

② 《中拉民众心灵相通的纽带：中拉文化交流现状及趋势》，中国网，http://news.china.com.cn/txt/2015-01/08/content_34508874.htm，访问日期：2015 年 7 月 28 日。

③ 《汇聚战略共识，助推中拉务实合作——习主席访拉成果总结暨新〈中国对拉美和加勒比政策文件〉的发布意义》，《拉丁美洲研究》2016 年第 6 期，第 3 页。

第二节　中国在拉美的软实力资源

软实力资源是软实力的来源，也是软实力的构成要素，如果利用得当，就会转化为软实力。结合中拉经济、文化、政治、外交等实际，笔者认为中国在拉美的软实力资源主要体现在以下几个方面。

一、经济吸引力

目前，中国已成为全球第二大经济体，具有 13 亿人口的中国大市场，对拉美国家来说蕴含着巨大的商机。中国对初级产品和原材料的巨大需求，在高铁、核电、卫星等方面的高新技术，以及高额的对外投资和优惠的贷款，对于自然资源丰富、亟须改善基础设施、经济不景气亟须外资支持的拉美国家有着强大的吸引力。

对于拉美国家来说，要推动经济发展，尤其是进行经济改革和走可持续发展之路，外部动力是必不可少的。中国所在的亚太地区是全球经济增长最快的区域，而中国在带动世界经济增长方面发挥的作用举世瞩目，因此拉美国家普遍希望搭乘中国经济增长的快车。哥伦比亚学者费尔南多·维亚米萨·拉姆斯（Fernando Villamizar Lamus）认为："中国良好的贸易和巨大的市场前景，毫无疑问是软实力的最大来源之一。拉美希望与中国进行贸易，因为即使是在经济危机时期，中国依然保持和扩大了与该地区的贸易"，"综合贸易、投资和合作三方面，中国的吸引力是不可否认的，可能其吸引力比美国、欧洲单个国家或欧盟、日本等的吸引力要高得多。这些方面甚至可以弥补中国软实力在其他方面的一些不足"。①

皮尤全球中心2013年调查显示，一半以上的拉美受访民众认为中国已经或者将会超越美国成为世界领先的超级大国。② 拉美国家普遍看好中国经济的未来发展，可以说对中拉经济交往未来前景的期待构成了中国在拉美重要的软实力来源。正如美国学者埃文·埃利斯（Evan Ellis）所说，中国在拉美软实力的实质在于：拉美国家看好中国持续的经济增长和技术发展，认为未来中国将提供巨大商机并将成世界强国。因此，中国软实力的来源包括：拉美国家对未来进入中国市场的期望、对未来获得中国投资的期望、中国企业和基础设施在拉美产生的影响等。③

此外，中国减免部分不发达国家的债务，积极为拉美国家提供贷款和经济援助且不附带任何政治条件，受到了拉美国家的普遍好评。拉美学者伊莎贝尔·罗德里格斯·阿兰达和迪亚哥·来伊瓦在其文章《中国外交中的软实力及其对拉美的影响》中指出：中国在经济方面的软实力在于中国对外以较低的利率提供贷款和免除债务，此外其投资、贷款等在大部分情况下没有附加开放市场、民主改革、环境保护等要求，在这一点上中国与美国和欧洲国家形成鲜明

---

① Fernando Villamizar Lamus, "El Soft Power Chino. Un Acercamiento,"（《中国的软实力》）, pp. 83-84.

② Andrew Kohut, "America's Global Image Remains More Positive than China's," Pew Research Center, 2013, p. 5.

③ Evan Ellis, "Chinese Soft Power in America Latina: A Case Study," p. 86.

对比。①

拉美经济的"外源性"导致了其经济的脆弱性。在全球经济复苏缓慢，大宗商品价格持续低迷的背景下，拉美经济发展遭遇了一系列困难。在此背景下，拉美国家越发关注如何受益于中国的经济增长，特别期待改变主要依赖原材料出口的产业格局，希望借助对华经济关系推动拉美经济的可持续发展和公平增长。② 与此同时，中方提出的"一带一路"倡议、"中拉产能3×3"新模式等，强调中拉战略对接、产能互动以及基础设施建设，成为拉美国家推动自身工业化升级和调整转型、促进经济多元化、改变中拉之间"工业制成品交换能源矿产资源"为主的贸易结构的良好契机。中拉合作迎来提质升级的新阶段，相信未来中国对拉美的经济吸引力将进一步增强。

二、文化影响力

中拉文化历史悠久、丰富多元，双方文化的相通之处构成了中拉相互交流、相互理解、建立情感纽带的良好基础。中国文化有着兼容并蓄的优良传统，在几千年的发展史中不断吸收各民族、各国家、各地域的文化精华，因其强大的文化包容性和融合力获得了丰富而长久的文化生命力。而拉美文化则有着与生俱来的混合性，伴

---

① Isabel Rodríguez Aranda and Diego Leiva Van de Maele, "El Soft Power en La Política Exterior de China: Consecuencias para América Latina,"（《中国外交中的软实力及其对拉美的影响》），pp. 8-9.

② Jorge Guajardo, Manuel Molano and Dante Sica, *Industrial Development in Latin America: What Is China's Role*? Washington D. C.: Atlantic Council, 2016, pp. 1-16.

随着欧洲殖民统治和非洲的大量人口输入，本土文化和外来文化进行了激烈的交融，形成了拉美特有的混合文化。两种文化开放和包容的特点成为了双方的最大契合点，也构成了中拉文化交往及中国文化在拉美传播的良好条件。

历史上，中国传统文化是世界主流文化之一，不仅对亚洲产生了重大影响，而且还走向欧洲，传入拉美。从明朝万历年间开始，中国的文化从海上丝绸之路通过商品交换和人员流动走进拉美。19世纪，契约华工被贩卖到拉美做苦力，他们用辛勤的汗水为拉美的经济发展和文明建设做出了重要贡献，也带去了中国的各种优良传统和文化习俗。中华人民共和国成立以后，随着中拉关系的不断发展，文化交流也更加频繁。尤其是进入21世纪以来，中拉文化交流呈现出官民结合、多渠道、多层次的发展局面，获得了前所未有的发展。

中国五千多年的传统文化博大精深，中华美食、武术、中医等受到很多拉美民众的喜爱。以中国餐饮文化为例，豆腐、云吞、炒饭、春卷等食品在拉美广受欢迎，豆芽、白菜、芋头等中国蔬菜也成为拉美日常食谱中的一部分。秘鲁全国有5000家中餐馆，[①] 人们称中餐馆名为"Chifa"，是广东话"吃饭"的谐音，还有"siyau"（豉油）、"chaufa"（炒饭）、"wantán"（云吞）等中文词汇均成为了秘鲁的本地语言。秘鲁建国初期，富裕家庭里至少要雇用一名华人厨师。除了美食外，武术作为一种强身健体、修养身心的运动，也

---

① 杨发金：《拉美华侨华人的历史变迁与现状初探》，《华侨华人历史研究》2015年第4期，第42页。

受到拉美人民的喜爱。秘鲁政府在首都利马的多个公园向老年人免费提供太极拳课程。近几十年来，中医的养生观念、针灸、按摩等在拉美获得广泛传播，因其治疗成本低、病人痛苦小而成为传统西医治疗以外的另一种替代选择。在巴西，针灸疗法已经进入巴西政府的公共医疗体系。2008 年由华人移民创建的巴西中医药针灸学会成立 25 周年之际，巴西总统卢拉亲自致电表示祝贺。[①] 除此之外，过春节、放烟花、舞龙灯等中国传统习俗，通过在拉美定居的华人得以流传并吸引了越来越多拉美民众的目光。

改革开放以来，中国现代化进程不断加快。中国实现的物质崛起使人们开始重新审视以儒家文化为主体的中国传统文化的巨大能量。物质上的成功使中国文化和思想变得更加富有吸引力。[②] 随着中拉经贸交往的加深，语言沟通的需求大大增加，同时推动了文化交往的热潮，在拉美悄然兴起了"中国热"。越来越多中拉文化交流协议得以签订，文化交流活动从内容和形式上不断得以丰富和拓展，孔子学院和孔子课堂及其分支机构逐年增加，越来越多的拉美民众愿意学习汉语，这些都充分表明了中国文化对拉美社会的吸引力。正如约瑟夫·奈在接受《环球人物》杂志采访时提到的："中国在目前最强的应该是文化层面，中国的传统文化一向非常有吸引力，西方人长期以来一直受中国传统文化吸引。"[③] 哥伦比亚学者费尔南多·维亚米萨·拉姆斯同样指出：中国历史悠久、内容丰富的文化

---

① 程晶：《论中国软实力在巴西的发展》，韩琦主编：《拉丁美洲文化与现代化》，第 305 页。
② 门洪华：《中国软实力评估报告（上）》，第 22～23 页。
③ 黄滢：《中国领导人是讲故事高手》，《环球人物》2013 年第 34 期，第 45 页。

本身充满了吸引力和诱惑力。中国的和平崛起更是与中国文化的崛起密切相关。[①]

三、发展模式

自 1978 年改革开放以来，中国开创了一条适合自身发展的社会主义建设道路。特别是 20 世纪 90 年代以来，中国经济保持了高速发展的态势，经济总量从世界的第 10 位上升到 2010 年的第二位，成为全球第二大经济体，并且成功抵御了 2008 年以来世界金融危机的冲击。这一奇迹，被西方学者评价为"北京共识"，也有学者称其为"中国模式"。有拉美学者指出："中国模式"成为西方模式的一种替代选择。"中国模式'的吸引力在于中国成功应对了世界金融危机，中国在这场危机中较晚受到影响，而且可能是最早走出危机的国家之一，与西方民主国家的表现形成鲜明对比。发展中国家对中国经济模式的积极看法抵消了中国国际形象中的一些消极因素。[②]

拉美国家的经济决策部门对于自身的战略规划和制度能力普遍缺乏自信。而中国在长期规划、利用外资、平衡国家与市场关系、培育创新能力、渐进式改革以及促进国内地区平衡发展等方面的经验都是拉美国家感兴趣的。例如，有巴西学者认为，巴西可以从中国的工业化、基础设施建设方面吸取经验。[③] 中国在减贫、缩小贫富

①　Fernando Villamizar Lamus, "El Soft Power Chino. Un Acercamiento," （《中国的软实力》）p. 80.

②　Isabel Rodríguez Aranda and Diego Leiva Van de Maele, "El Soft Power en La Política Exterior de China: Consecuencias para América Latina," （《中国外交中的软实力及其对拉美的影响》）pp. 7-8.

③　牛海彬：《试论中拉整体合作的机制化路径》，《拉丁美洲研究》2017 年第 6 期，第 44 页。

差距方面的经验对于贫富差距悬殊举世皆知的巴西来说也具有重大的借鉴意义。[①] 中国先进的基础设施建设水平、科学技术方面获得的巨大进步和国内社会的安全稳定均是拉美国家梦寐以求的发展目标。正如习总书记在党的十九大报告中指出的那样，中国特色社会主义进入新时代，意味着中国特色社会主义道路、理论、制度、文化不断发展，拓展了发展中国家走向现代化的途径，给世界上那些既希望加快发展又希望保持自身独立性的国家和民族提供了全新选择，为解决人类问题贡献了中国智慧和中国方案。[②]

中国在短时间内取得的巨大发展和治理成就引发了拉美国家的极大关注。委内瑞拉前总统查韦斯曾多次访问中国，并派多个高级代表团到北京，专门总结研究中国的发展经验。以笔者亲历的2014年委内瑞拉来华学习军事代表团为例，该代表团团员有包括中将、少将在内的多名高级军事将领，该团来中国学习的重要任务之一便是了解中国发展的成功经验，因此团员对中国的发展模式、改革方式等方面格外关注，学习结束后均对学习成果的重要性表示了肯定。[③] 中国的发展经验在古巴也受到了很大肯定。原中共中央政治局常委、中央纪委书记贺国强同志访问古巴会见原古巴领导人卡斯特罗时，卡斯特罗高度赞扬中国的社会主义发展经验。巴西前总统卢拉同样非常欣赏中国改革开放以来取得的经济成就和社会成就，曾

---

① 程晶：《论中国软实力在巴西的发展》，第306页。
② 习近平：《决胜全面建成小康社会　夺取新时代中国特色社会主义伟大胜利——在中国共产党第十九次全国代表大会上的报告》，北京：人民出版社，2017年，第10页。
③ 笔者曾亲自参与该代表团的接待和陪同工作。

派遣研究小组赴北京学习"中国经验"，并多次强调"要发现中国的价值"，制定"中国议程"。①

四、国际制度

在约瑟夫·奈看来，塑造国际规则和决定政治议题的能力是软实力的核心要素之一。如果一国所倡导建立的国际规则被他国认同，那么该国在国际上采取行动达到预期目标所遇到的障碍就小，该国就能通过确定政治议程来塑造他国政治倾向。

国际体系和国际规则长期以来由西方主导，很长的一段时间内，中国甚至都不是国际制度的积极参与者。随着改革开放进程的加深，中国对国际制度的参与和建构变得越来越主动，其在国际制度的创设和设置议程方面的能力获得了长足的进步。国际制度成为中国展示和建构软实力的重要渠道。

近年来，中国与拉美国家在政治、经济、安全、文化、司法等多领域开展了积极的合作。除了在已有国际制度平台中与拉美国家展开合作外，中国积极尝试缔造新的国际组织和国际机制，构造自己的制度性合作网络，从国际规则的"参与者""适应者"向规则和议程的"设定者""主导者"转变。

"金砖国家"机制是中国参与缔造的第一个完全由新兴大国组成的全球合作机制，在这一国家间合作的新模式内，中国拥有了全新的规则制定权和解释权。中国不仅在这一平台内加强了与巴西的经

---

① 程晶：《论中国软实力在巴西的发展》，第306页。

贸关系，并与广阔的南美市场建立了紧密联系；与此同时，联合"金砖国家"集团集体发声，增强自身国际话语权，并积极探求全球治理的新方案。2014年，金砖国家新开发银行成立，成为改变第二次世界大战以后由发达经济体所主导的国际金融体系和国际政治格局新的里程碑。

2015年中拉论坛首届部长级会议在北京召开，标志着中拉关系机制性建设和制度化提升的起步，更是中国主动构建国际机制的重要成果和中国引领中拉未来合作的有益尝试。中国在其中的主导角色和积极贡献是中拉论坛获得成功的重要推动力，而中国的积极作用也得到了拉美国家的普遍认可。该次会议通过了《中拉论坛首届部长级会议北京宣言》《中国与拉美和加勒比国家合作规划（2015—2019）》和《中拉论坛机制设置和运行规则》三个文件，确定了中拉合作的发展方向和指导原则。其中《合作规划》确定了此后5年双方在13个领域内的60多项合作措施，为中拉合作规划了路线图。2018年中拉论坛第二届部长级会议召开，通过了《圣地亚哥宣言》《中国与拉美和加勒比国家合作（优先领域）共同行动计划（2019—2021）》和《关于"一带一路"的特别声明》三份成果文件，成为下一阶段中拉深化合作的指导性纲要。

中拉论坛创设了涵盖政党、基础设施、农业、企业、科技创新、青年、智库、法律、环境、地方政府合作、民间友好等10多个领域的对话合作平台。在此机制平台基础上，中拉合作在深度和广度上持续扩张。而随着中拉论坛机制的不断完善，其在构筑中拉共识、协调理念和政策方面的作用将不断加强。拉美国家也高度认可中拉论坛的重要意义。时任拉共体轮值主席国哥斯达黎加的总统索利斯表示，中拉论坛是一个拉近拉丁美洲和中国距离的纽带，它将为中国与拉共体之间新型的有效的战略关系发挥积极作用；中拉论坛的建立表明拉共体自 2011 年成立以来取得了很多丰硕的成果。①

　　同时，中国还积极推进"一带一路"倡议，希望借助此类新型合作方式，将中国的变革与发展中国家的可持续发展要求整合起来。在西方极右势力抬头、贸易保护主义兴起的情况下，中国坚持维护全球化和贸易自由化的举动获得了拉美国家的普遍欢迎。"一带一路"倡议提出以后，智利、秘鲁、厄瓜多尔、阿根廷、哥斯达黎加、巴拿马等国领导人公开表达了对"一带一路"倡议的坚定支持和加入意愿。2017 年 5 月，智利和阿根廷总统以及近 20 位拉美和加勒比国家主要官员出席"一带一路"国际合作高峰论坛。2017 年巴拿马与台湾方面"断交"、与中华人民共和国建交，并且成为首个与中国签署"一带一路"合作文件的拉美国家，显示出巴拿马希望成为"一带一路"参与者的强烈愿望。此外，巴西、秘鲁、委内瑞拉和智利等国先后加入亚洲基础设施投资银行。有巴西学者认为，亚洲基础设施投资银行等机制的建立，使得发展中国家可以不受霸权国家强加条件的制约而独立自主地制定本国的发展战略。② 可以说，"一

　　① 《哥斯达黎加总统：中拉论坛将助力拉美基建融资》，国际在线，http：//news. cri. cn/gb/42071/2015/01/08/7651s4834547. htm，访问日期：2018 年 4 月 20 日。

　　② ［巴西］马科斯·考德罗·彼雷斯、埃尔梅斯·莫雷拉·胡尼奥尔：《金砖国家合作框架下的中国与巴西多边合作》，刘国枝主编：《巴西黄皮书：巴西发展报告（2016）》，北京：社会科学出版社，2017 年，第 293 页。

带一路"倡议和亚洲基础设施投资银行的创设，为发展中国家提供了新的发展契机，是中国承担大国责任并引领世界发展潮流的体现。

第三节　中国在拉美软实力建设的效果：以国家形象为核心的考察

中拉关系在后冷战时期得到了快速的发展，中国在拉美也有着一定的软实力资源。在此基础上，中国在拉美的软实力建设效果究竟如何是一个值得思考的问题。国家形象反映了国内外公众对一个国家的认可程度，是一个国家重要的无形资产。国家形象既是软实力的重要组成部分，又是软实力水平的重要体现。因此，本节通过对中国在拉美国家形象的考察，来了解中国在拉美软实力建设的效果。

一、国际民意调查所展现的中国在拉美国家形象

首先通过对国际民意调查机构数据的分析，考察中国在拉美的国家形象。

值得肯定的是，总体来说，拉美人对中国的态度是正面多过负面的。皮尤全球态度调查的长期数据支持这一观点（表2）。此外，该调查机构于2013年对拉美7国民众进行了"中国是你的伙伴还是敌人"的民意调查（表1），结果发现，认为中国是伙伴的比例大大高于认为中国是敌人的比例。其中，委内瑞拉认为中国是伙伴的比

例最高，达到74%，墨西哥认为中国是伙伴的比例最低，为41%。

表1　中国是你的伙伴、敌人还是两者都不是？　　　　　单位:%

国　家	伙　伴	敌　人	两者都不是
阿根廷	52	6	30
巴　西	50	10	36
智　利	62	6	26
玻利维亚	42	9	35
墨西哥	41	24	27
委内瑞拉	74	9	9
萨尔瓦多	58	6	33
简单平均数	54.1	10	28

数据来源：皮尤全球态度调查网站，http：//www.pewglobal.org。

从表2我们还可以看到，2007—2013年的6年间，拉美人对中国持正面态度的比例有了一定程度的提升。但是我们也观察到，拉美民众对中国的态度并没有随着中拉交往的加深而呈逐年上升态势，而是呈现出上下波动的特点，体现出拉美对华认知的复杂性。2014年拉美对中国的负面态度达到了历史最高点，其中巴西对中国的负面态度更是达到了44%。虽然2015年拉美对中国的正面态度有所回升，负面态度有所下降，但依然没有达到2013年的水平。尤其值得注意的是，2017年拉美对华正面态度的比例再次下降，跌回了接近2007年水平。此外，在2015年和2017年的统计数据中，在拉美国家中一直以来对华态度最友好的委内瑞拉，对中国的正面态度比例持续下降，到 2017 年达到历史最低点，与 2014 年相比下降了 24 个百分点。

表 2　拉美人对中国持正面和负面态度的比例　　　　单位:%

国　　家	态　　度	2007 年	2013 年	2014 年	2015 年	2017 年
阿根廷	正面态度	32	54	40	53	41
	负面态度	31	22	30	26	26
玻利维亚	正面态度	—	58	—	—	—
	负面态度	—	19	—	—	—
巴　西	正面态度	—	65	44	55	52
	负面态度	—	28	44	36	25
智　利	正面态度	62	62	60	66	51
	负面态度	22	27	27	25	28
哥伦比亚	正面态度	—	—	38	—	43
	负面态度	—	—	32	—	33
墨西哥	正面态度	43	45	43	47	43
	负面态度	41	33	38	34	23
秘　鲁	正面态度	56	—	56	60	61
	负面态度	22	—	27	22	25
委内瑞拉	正面态度	—	71	76	58	52
	负面态度	—	19	26	33	29
简单平均数	正面态度	48.25	59.17	51	56.5	49
	负面态度	29	24.67	32	29.3	27

数据来源：皮尤全球态度调查网站，http://www.pewglobal.org。

将表 2 拉美的数据与表 3 非洲的数据进行对比，我们发现非洲对中国的好感度远高于拉美。非洲人对中国持正面态度的比例普遍维持在65%以上（除2017年以外），负面态度则一直保持在20%以下。2007年中国在非洲的受欢迎程度高出在拉美20个百分点。经过多年的发展，中国在非洲的受欢迎程度依然高出拉美多个百分点。

表3　非洲人对中国持正面和负面态度的比例　　　　单位:%

国　　家	态　　度	2007年	2013年	2014年	2015年	2017年
埃塞俄比亚	正面态度	67	—	—	75	—
	负面态度	28	—	—	7	—
加　　纳	正面态度	75	67	61	80	49
	负面态度	14	22	23	13	24
肯尼亚	正面态度	81	78	74	70	54
	负面态度	15	13	16	22	21
尼日利亚	正面态度	—	76	70	70	72
	负面态度	—	11	14	14	13
塞内加尔	正面态度	—	77	71	70	64
	负面态度	—	8	12	11	10
南　　非	正面态度	—	48	45	52	45
	负面态度	—	43	40	34	32
坦桑尼亚	正面态度	70	—	77	74	63
	负面态度	11	—	10	10	15
乌干达	正面态度	45	59	61	65	—
	负面态度	23	17	18	19	—
简单平均数	正面态度	67.6	67.5	65.6	69.5	57.83
	负面态度	18.2	19	19	16.3	19.16

数据来源：皮尤全球态度调查网站，http://www.pewglobal.org。

　　皮尤全球中心 2013 年发布报告《美国的全球形象依然比中国更为正面》，从"科学技术""音乐、电影、电视""经商方式""思想和习俗的传播"四个方面对中美的软实力进行了对比。结果显示，美国在拉美的软实力明显高于中国，尤其是在音乐、电影、电视等流行文化领域，美国以 63% 的积极评价远高于中国的 25%（表4）。相当一部分的拉美受调查者对中国的流行文化不置可否，而在有观点的被调查者中，大部分表示不喜欢中国的音乐、电影和电视，包括巴西（75%）、阿根廷（68%）和萨尔瓦多（61%）等（表5）。近年来，中拉经济交往日益增加，然而这并不意味着拉美民众对中国人的经商方式表示理解和赞同。调查中，很大比例的受访者对中国人的经商方式没有概念，只有委内瑞拉一个国家超过半数（53%）的受访者表示欣赏中国人的经商方式；而在巴西，有一半（51%）的受访者表示不喜欢中国人的经商方式。在所有受访拉美国家中，半数以上的受访民众对中国的思想和习俗在本地区的传播表达了负面的看法。只有在科技领域，中国与美国表现相当，成为中国在拉美最受欢迎的软实力要素。拉美大部分受访民众对中国的科技影响力给予了正面评价，包括萨尔瓦多（80%）、委内瑞拉（80%）、智利（75%）等（表5）。与此同时，对比拉美与非洲，我们发现非洲在中国软实力的评价上整体高于拉美，尤其是对中国人的经商方式的评价上，非洲以 59% 高于拉美。[1]

---

　　[1]　Andrew Kohut, "America's Global Image Remains More Positive than China's," Pew Research Center, 2013, pp. 3, 27-29.

表4　美国与中国的软实力比较① 单位:%

正面看法百分比	拉丁美洲		非　洲	
	美国	中国	美国	中国
科学技术	74	72	83	75
音乐、电影、电视	63	25	58	34
经商方式	50	40	73	59
想法和习俗的传播	32	30	56	46

数据来源：Andrew Kohut,"America's Global Image Remains More Positive than China's,"Pew Research Center, 2013。

表5　软实力四个相关维度内拉美各国对中国的看法 单位:%

国　家	科学技术			音乐、电影、电视			经商方式			思想和习俗的传播		
	喜欢	不喜欢	无观点	喜欢	不喜欢	无观点	喜欢	不喜欢	无观点	喜欢	不喜欢	无观点
阿根廷	72	22	6	11	68	21	33	37	30	18	55	17
玻利维亚	71	20	8	37	44	19	39	36	25	30	51	19
巴　西	68	28	5	19	75	6	40	51	9	36	58	6
智　利	75	16	9	25	50	25	48	24	27	27	57	16
萨尔瓦多	80	17	3	28	61	11	44	38	19	37	50	13
墨西哥	61	29	10	19	56	25	38	44	17	27	55	18
委内瑞拉	80	17	3	38	58	4	53	34	13	37	51	12

数据来源：Andrew Kohut,"America's Global Image Remains More Positive than China's"。

---

① 受访的拉美国家包括：阿根廷、玻利维亚、巴西、智利、萨尔瓦多、墨西哥、委内瑞拉；非洲国家包括：加纳、肯尼亚、尼日利亚、塞内加尔、南非、乌干达。

　　再来看安霍尔特—捷孚凯国家品牌指数（Anholt-GfK Roper Nation Brands Index）提供的数据。该指数从"出口产品""治理""文化""人民""旅游"和"移民与投资"等六大领域对国家进行排名。安霍尔特—捷孚凯国家品牌指数网站提供了2008年、2009年A国国民眼中的B国形象排名。本书选取根据这两年的数据对拉美三国（巴西、阿根廷、墨西哥）国民眼中中国、日本两国的国家形象排名进行对比（表6、表7）。

表6　拉美三国国民眼中的中国国家形象

国　　家	出口产品	治理	文化	人民	旅游	移民与投资	平均
阿根廷	15/11	42/41	10/8	35/29	16/14	26/24	24/21
巴　西	13/9	47/44	8/7	42/33	16/19	28/29	26/24
墨西哥	15/15	40/45	6/4	30/34	13/13	28/27	22/23
平　均	14/12	43/43	8/6	35/32	15/15	27/27	24/23

（注：/前后分别是2008年和2009年数据）

数据来源：安霍尔特—捷孚凯国家品牌指数网站，http：//www.simonanholt.com/Research/research-introduction.aspx。

表7　拉美三国国民眼中的日本国家形象

国　　家	出口产品	治理	文化	人民	旅游	移民与投资	平均
阿根廷	1/1	13/13	9/9	8/12	9/10	9/12	8/10
巴　西	1/1	6/12	3/6	3/5	6/8	6/8	4/7
墨西哥	1/1	6/12	4/6	8/8	8/5	7/8	6/7
平　均	1/1	8/12	5/7	6/8	8/8	7/9	6/8

（注：/前后分别是2008年和2009年数据）

数据来源：安霍尔特—捷孚凯国家品牌指数网站，http：//www.simonanholt.com/Research/research-introduction.aspx。

从表 6 我们可以看到，在"文化"这一项指标中中国基本排名前十位，说明中国文化对拉美三国还是具有较强吸引力的。但是在"治理"这一项指标中，中国的排名很低，在参加评选的 50 个国家中几乎排名倒数。"人民"这一指标中中国的排名也不容乐观。对比表 6 和表 7 的数据，我们发现，在"出口产品""治理""文化""人民""旅游"和"移民与投资"六项指标中，除了"文化"以外，中国在每一项调查数据上都与日本有很大的差距，在"治理"和"人民"两项指标上的差距尤其明显。可喜的是，从 2008 年到 2009 年，中国不少指标的排名有所上升，但我们仍需看到中国与日本的较大差距。

中日两国在拉美形象的差距，在其他民调机构的数据中也得以体现。拉美著名本土民调机构"拉美晴雨表"的调查数据显示，2013 年中国在拉美的受欢迎程度（53%）低于日本（61%），在巴西的受欢迎程度更是相差了 18 个百分点（中国为 57%，日本为 75%）。①

通过以上分析可以发现，近年来，中国在拉美的国家形象有所提升，但是与双方飞速发展的政治、经济关系相比，拉美人对中国的认知并没有大幅度提高，有时甚至有所回落。中国在拉美的好感度与在非洲相比也有较大差距。而同为亚洲国家的日本，其在拉美的国家形象比中国要好得多。由此看来，中国在拉美的国家形象是有待提升的。

---

① "Imagen de los Países y las Democracias," （《各国的形象与民主》）拉美晴雨表网站，www. latinobarómetro. org，访问日期：2015 年 2 月 28 日。

二、国外学者对中国在拉美国家形象的评价

拉美和欧美学者从不同维度对中国在拉美的国家形象进行了阐述。拉美学者普遍肯定了中国经济发展方面取得的巨大成就，同时也看到了中国近年来在提高软实力和国家形象方面做出的努力。国外学者对中国的正面评价，笔者在前文有关中国软实力资源的论述中已有阐述。由于从国际民调数据中我们发现中国在拉美的国家形象有待提升，因此本节主要从国外学者对中国国家形象的负面评价考察中国软实力的不足之处。

在经贸领域，拉美和欧美学者一方面担心中拉之间"不对称"的贸易关系影响中拉贸易平衡和拉美国家的经济发展，另一方面认为中国的产品对本地制造业的冲击将使拉美无法建立健全、独立的工业体系。拉美学者巴布洛·亚历山德罗·纳迟（Pablo Alejandro Nacht）在《拉丁美洲之龙：经贸关系与拉美地区的风险》一文中指出：中国与拉美国家之间存在贸易顺差，而且贸易结构主要为拉美的低附加值的初级产品换取中国的工业制成品，因而形成一种不对称的关系。[①] 甚至有学者担心中拉之间的"南北贸易"模式最终会演变成"中心—边缘"的贸易模式。[②] 纳迟还指出，中国虽然在拉美提

[①] Pablo Alejandro Nacht, "El Dragón en América Latina: las Relaciones Económico-comerciales y los Riesgos para la Región," （《拉丁美洲之龙：经贸关系与拉美地区的风险》）*Revista de Ciencias Sociales*, No. 45 (Sep., 2013), pp. 145–149.

[②] C. Barker, "What implications does rising Chinese influence have for Latin America?" *E-International Relations Students*, 2013, http://www.e-ir.info/2013/08/13/what-implications-does-the-rising-chinese-influence-have-for-latin-america/.

供了就业机会，但是没有解决贫困问题，而且拉美的一些产业受到冲击，因此引发拉美的反倾销。一方面，中国大量购买拉美产品（主要集中在南美洲），这是符合拉美利益的，但是另一方面，中国的手工业品与拉美形成竞争（主要集中在中美洲）。[①] 2008 年美国的国会报告《中国的外交政策及其在南美、亚洲和非洲的软实力》同样指出了中拉贸易竞争问题，认为墨西哥等中美洲国家视中国为竞争者，因为双方在美国市场份额上存在竞争关系。同时拉美国家也害怕中国制造业对其国内产业的冲击，如巴西国内的鞋类、玩具、电子产品制造商就受到中国产品竞争的冲击。此外，中巴贸易顺差也令巴西制造业者担心。[②] 因此，有学者认为中国的低成本制成品极大地削弱了拉美产品的市场竞争力，严重地阻碍了拉美地区基础性产业的发展，[③] 在一定程度上造成了拉美地区的"去工业化"，造成其制造业比重下降，就业减少。[④]

除了对中拉贸易结构的担忧外，中国投资在拉美当地产生的一些影响也成为国外学者探讨的主题，如中国企业在当地引发的环境、健康、劳工、社区等一系列问题。中国的劳工输入一度引发拉美民众的疑虑，认为中国员工挤占了拉美本地的就业岗位，并对社区生

---

① Pablo Alejandro Nacht, "El Dragón en América Latina: las RelacionesEconómico-comerciales y los Riesgos para la Región,"（《拉丁美洲之龙：经贸关系与拉美地区的风险》）pp. 145-149.

② *China's Foreign Policy and Soft Power in South America, Asia, and Africa*, a study prepared for the Committee on Foreign Relations, United States Senate by the Research Service, U. S. Government Printing Office, Washington, 2008, pp. 25-26.

③ 安东尼·埃尔森：《龙腾鼹蜥间》，《金融与发展》2014 年第 12 期，第 45 页。

④ DIEESE, "Desindustrialização: conceito e a situação do Brasil," *Nota Técnica*, No. 100 (2011), p. 2.

活环境造成了影响。^① 首钢因"较低的工资水平""危险的工作环境""水污染"^② 等问题在秘鲁造成的劳资纠纷和社区矛盾，成为外国学者经常引用的负面案例。有学者认为中国公司在拉美的经营方式导致遗传多样性遭破坏，大量农药的使用使湖泊、河流和地下水遭到污染，森林遭到砍伐，水资源大量消耗。^③ 此外，还有学者指出，拉美新资源榨取主义的发展模式和单一的产业结构，再加上中国公司对拉美能源和矿产资源的大量开采，对拉美国家的经济发展和生态系统带来了严重的副作用，并加剧了社会冲突。^④ 还有人担心，由于中国专注于非劳动密集型产业，中国在拉美地区的经济扩张可能会对社会最脆弱的部门和数百万生活在贫困中的人们产生更深的负面影响。^⑤ 甚至有人认为中国在全球寻求资源的外交与历史上西方殖民主义掠夺拉美资源的政策并无二致。^⑥

　　近年来，中拉经济关系得到了巨大的发展，但是中国对拉美产生的影响并非都是积极的，因而引发了拉美的诸多焦虑和猜疑。有

① Evan Ellis, *China on the Ground in Latin America：Challenges for the Chinese and Impacts on the Region*, New York：Palgrave Macmillan, 2014.

② Isabel Hilton, "China in Latin America：Hegemonic Challenge?" *NOREF Expert Analysis* (Feb. 2013), pp. 1-5.

③ Carmen G. Gonzalez, "China in Latin America：Law, Economics, and Sustainable Development," *Envtl. L. Rep. News & Analysis*, Vol. 40, Seattle University School of Law Research Paper No. 10-01, pp. 10171-10183.

④ Maristella Svampa, "El Consenso de los Commodities y Lenguajes de Valoración en América Latina," *Nueva Sociedad 244* (Marzo-Abril, 2013), pp. 30-46.

⑤ Ariel C. Armonya and Julia C. Strauss, "From Going Out (zou chuqu) to Arriving In (desembarco)：Constructing a New Field of Inquiry in China-Latin America Interactions," *The China Quarterly*, Vol. 209 (Mar. 2012), pp. 1-17

⑥ 转引自王翠文：《从软实力的角度审视中国对拉美的外交》，韩琦主编：《拉丁美洲文化与现代化》，第 289 页。

学者认为，中拉经济关系是双方关系中最大的强项也是最大的焦虑来源，从而成为潜在的最大弱项。因为从短期来看，中拉商品和投资的发展比较乐观，但从中长期来看仍存在诸多问题。[①] 甚至有学者认为从长期来看，中国会使拉美更加贫困而不是使拉美更加富有。[②]

　　除经济领域外，一些学者对影响中国软实力施展的一些因素也进行了评论。《中国的外交政策及其在南美、亚洲和非洲的软实力》报告指出："中国资本的直接投资为中国软实力的施展提供了很大的支持，但是美国在经济以外的其他私有领域表现更胜一筹。美国的商品、学校、报纸、杂志、银行、电影、电视节目、小说、摇滚明星、文化、宗教团体、非政府组织和其他的美国机构及价值观念在全球有着广泛的影响。"[③]《新兴市场软实力指数》调查报告也指出了类似的问题："虽然中国（的媒体）花了很大努力来与美国有线电视新闻网和英国广播公司竞争，但其官方背景和内容造成了国际观众的缺失。印度的宝莱坞电影继续领先中国，比中国电影拥有更多的国际受众。"[④] 此外，一些学者在承认中国文化吸引力的同时，将中国有别于西方国家的政治价值观以及中西在意识形态上的差异归为中国在拉美施展软实力的限制性因素。

---

　　① Matt Ferchen, "China's Latin American Interests," Carnegie-Tsinghua Center for Global Policy, http：//carnegietsinghua. org/publications/？fa＝47759.

　　② Carmen G. Gonzalez, "China in Latin America: Law, Economics, and Sustainable Development," *Envtl. L. Rep. News & Analysis*, Vol. 40, Seattle University School of Law Research Paper No. 10－01, p. 10178.

　　③ *China's Foreign Policy and Soft Power in South America, Asia, and Africa*, a study prepared for the Committee on Foreign Relations, United States Senate by the Research Service, U. S. Government Printing Office, Washington, 2008, p. 12.

　　④ Ernst and Young, "Rapid-growth Markets Soft Power Index Spring 2012," http：// emergingmarkets. ey. com/wp-content/uploads/downloads/2012/05/TBF-606-Emerging-markets-soft-power-index-2012_ LR. pdf.

第二章　中国在拉美软实力不足的
原因分析

中国在拉美的国家形象有待提升，反映出中国在拉美软实力的不足。为了进一步了解中国在拉美软实力不足的原因究竟在哪里。我们有必要从文化、媒体、历史以及中国软实力的实现方式和中国国内问题等方面进行分析。

第一节　中国与拉美的文化差距

拉美文化是一种以欧洲天主教文化为主体的混合文化，其在发展过程中受到了多种文化的影响，但总体来说属于西方体系，无论是从文化的起源，还是从文化心理的层面来看，都与东方儒家文化有着较大差异。这些文化上的差异导致了中拉双方在接触过程中的一些碰撞和问题。

一、拉美文化的来源及中拉文化差异

16 世纪初至 19 世纪初，随着西班牙和葡萄牙在美洲大陆的殖民

扩张，欧洲的天主教文明传到了拉美，并在与美洲土著文化以及伴随奴隶制而来的非洲黑人文化相互碰撞和交融后，形成了全新的拉美文化。由于殖民者的强势地位和印第安土著的弱势地位，导致来自伊比利亚半岛的天主教文化在拉美混合型文化中占据了压倒性的优势地位。因此，有不少国内外学者直接将拉美文化看作是欧洲天主教文化的一个分支。① 如今，拉美地区信奉天主教的人口达到约 4 亿，居全球各大洲之首。天主教文化与中国的儒家文化存在着很大的差异。例如，儒家文化认为人应该屈从、节俭、节制和刻苦，强调努力工作；而天主教伦理则特别强调精神层面的东西，蔑视人们对物质财富的追求。乔治·福斯特认为："在拉丁美洲，劳作不被认为是一种积极的价值观"。② 在墨西哥有多年生活经验的《纽约时报》记者艾伦·赖丁（Alan Riding）认为："墨西哥人为了活着而劳动，而不是为了劳动而活着……人人喜欢消费而不是储蓄"。③ 正因如此，拉美地区的储蓄率普遍低于东亚地区，而且拉美民众更注重生活的幸福感而不专注于追求物质财富。世界价值观调查显示（表8），接近半数的拉美民众认为休闲时间很重要，而且需要"好好花时间宠爱自己"，远高于中国人对这两项内容的认同比例。中资企业在拉美频繁遭遇劳资纠纷问题和工会的抗议活动，其中一个重要原因就是中资企业和拉美雇员对工作时长和工作强度意见的不一致。

---

① 董国辉：《拉丁美洲民主政治的文化分析》，《拉丁美洲研究》2010年第2期，第36页。

② 转引自全毅、魏然：《文化因素与经济发展——来自东亚与拉美的实证分析》，《福建论坛·人文科学社会版》2010年第4期，第34页。

③ 转引自江时学：《文化因素与拉美、东亚的经济发展》，《太平洋学报》1999年第1期，第52页。

随着欧洲启蒙运动的发展，三权分立、平等、自由等思想纷纷传入拉美，并被拉美独立运动的先驱大量吸收。拉美"独立之父"西蒙·玻利瓦尔就是卢梭政治思想的追随者。19世纪初，拉美各国纷纷效仿法国大革命和美国独立战争，进行了独立革命并建立了民主共和国，在当时欧洲先进国家政治文化的影响下制定了相似的宪法和政治制度。第一次世界大战之后，欧洲强国衰败，拉丁美洲成为美国的"后院"，在整个20世纪依附和屈服于美国。美国借助其发达的文化产业、强势的大众传媒以及教育交流等手段，不断向拉美大陆输出其文化和思想观念。以好莱坞电影为代表的文化产品承载着美式价值观的因子，对拉美民众产生了广泛的影响。教育的影响则表现在，绝大多数拉美知识精英都有在美国学习的经历。[①] 鉴于美国文化对拉美文化及其现代化的深重影响，有的学者甚至将拉美的文化及其现代化称为美国式的文化及其现代化。[②] 欧美文化在拉美的长期传播，使拉美对欧美历史观、价值观和政治导向存在较高认同，在思维方式和价值理念上也与西方更加相似。面对欧美媒体对中国民主、人权等问题的负面炒作，拉美媒体和不明真相的拉美民众容易倾向认同。此外，拉美民众普遍崇拜个人主义价值观，注重自我表达和自由选择的权利。因此，拉美国家较少采用国家主导型经济发展战略，拉美虽然羡慕中国政府强大

---

① ［美］欧文·拉兹洛：《多种文化的星球——联合国教科文组织国际专家研究报告》，北京：社会科学文献出版社，2001年，第55—56页。

② 靳呈伟：《拉美文化多样性的表现、成因及维护》，《拉丁美洲研究》2013年第5期，第68页。

的动员能力和组织能力，但是不少拉美学者和民众认为自己国家很难真正效仿中国的成功经验。拉美民众对自我表达和自由选择权利的注重，同时造就了拉美较为强大的公民社会。土著人组织、社区组织、工会组织、环保组织等非政府组织强大的动员能力和社会影响力，使一些忽视与拉美普通民众及非政府组织互动的中资企业遭遇了一系列问题。

此外，拉美印第安文化中对"大地母亲"（Pachamama）的崇敬和"美好生活"（Buen vivir）的理念，早已有千余年的历史了。印第安人将人类看作大地母亲的一分子，而不是土地和资源的主人；也并不把经济发展视为任务，觉得单纯物质财富的积累毫无意义。[①] 土地对于他们来说不仅是生活来源，更是生命的一部分，是印第安文化的精神根基。比起经济发展，他们更重视自然环境和资源的保护。作为印第安文化的核心内容之一，"美好生活"理念已被厄瓜多尔和玻利维亚政府列入宪法，对整个拉美大陆的影响也在变得越来越深厚。许多中资企业投资拉美时过多地注重经济效益而忽视环境保护和社会责任，因而在拉美遭遇了一系列水土不服，引发了拉美民众的负面情绪。

---

① 孟夏韵：《印第安人"美好生活"理念》，《光明日报》2015年10月24日，第12版。

表 8　世界价值观调查第六波：拉美国家和中国部分价值观维度比例①

单位:%

国　家	宗教非常重要	休闲时间非常重要	主观幸福感（非常幸福）	好好花时间宠爱自己非常重要	近两年参与过环保游行	近期参与过一次以上的和平游行	为社会的福祉做一些事是重要的
阿根廷	24.1	33.7	33.3	13.8	7.3	89.7	15.6
巴西	51.5	32.8	35.2	19.6	7.4	75.7	28.3
智利	23.8	56.1	24.4	29.9	13.7	87.4	36.8
哥伦比亚	58.9	49.4	56.5	31.0	18.1	57.7	47.2
厄瓜多尔	67.1	55.9	57.7	28.0	7.7	61.8	32.7
墨西哥	58.4	59.2	67.5	25.7	14.4	76.4	32.6
秘鲁	49.9	37.0	35.1	13.5	21.3	66.6	22.6
乌拉圭	20.3	48.9	34.2	28.4	7.6	55.4	25.7
拉美国家平均值	44.3	46.6	43.0	23.7	12.2	71.3	30.2
中　国	2.6	21.2	15.7	2.7	0.6	21.4	9.5

数据来源：http：//www.worldvaluessurvey.org。

----

① "世界价值观调查"将价值观分为两个维度：传统价值观及与其相反的世俗—理性价值观、生存价值观及与其相反的自我表达价值观。拉美属于传统价值观和自我表达价值观较强的国家，而中国则属于世俗—理性价值观和生存价值观较强的国家。传统价值观指数较高的国家具有重视宗教、民族主义感强等特点，而世俗—理性价值观则与之相反；生存价值观强的国家注重经济发展和实体安全，自我表达价值观强的国家则高度重视主观幸福感、环境保护，有较强的参与政治生活决策的需求等。

二、以霍夫斯泰德的文化维度理论分析中拉文化差距

荷兰心理学家吉尔特·霍夫斯泰德（Geert Hofstede）根据其在IBM公司对多国雇员进行的文化价值观调查，提出了跨文化研究的四个维度：权力距离、不确定性规避、个体主义—集体主义、阳刚气质—阴柔气质，并结合英国社会心理学家彭迈克（Michael Bond）对华人价值观的调查提出了长期导向—短期导向的维度。根据霍夫斯泰德文化维度模型，结合中国与拉美国家的数据比对，我们发现中拉在这五项指标上均有一定差异。

差异最大的是"不确定性规避"这一指标。拉美国家普遍属于不确定性规避指数较高的国家，也就是说他们在面对不确定的或未知的情况时感到威胁的程度比较高，而"这种感觉通常通过紧张感和对可预测性的需求表现出来"。① 与此形成对比的是，中国大陆这一指数较低，在参与测量的 74 个国家中排名第 68—69 位。这就解释了为何中国企业进入拉美时会遭遇一系列问题。在规避不确定性指数较高的社会里，有很多法律、法规和规章制度，以及很多不成文的规定来规范大家的行为和权利义务，并对于不遵守规则而带来的不确定性比较抗拒。因此，当中国企业家根据现实需求对约定日期、价格和既定程序等做出灵活处理时，很多拉美人会将其看作是"缺

---

① ［荷］吉尔特·霍夫斯泰德、格特·杨·霍夫斯泰德：《文化与组织：心理软件的力量》，李原、孙健敏译，北京：中国人民大学出版社，2010 年，第 177 页。

乏严肃性"的表现，认为其"会破坏双方的互信"。① 拉美对中资企业进驻拉美表现出来的担心和疑虑也同样可以被看作是"不确定性规避"带来的焦虑和紧张感的表现。另一个例子是拉美来华人员对"中国式讨价还价"的不适应。一位拉美来华军官在接受笔者访谈时指出：秀水和红桥市场里讨价还价可能产生的巨大的价格差距令一些拉美军官和家属在购物时不知所措，他们更愿意去大商场购买价格固定的商品，因为"讨价还价让人感觉这场买卖从一开始就是一个骗局"。

在"权力距离"这一维度，拉美国家与中国大陆略相近一些，但仍有差别。根据霍夫斯泰德的数据，中国大陆在这一项的分数为80%，而半数以上的拉美国家分数均在60%—69%这一区间，阿根廷为49%，哥斯达黎加最低，为35%。"权力距离"分数越高，意味着该社会对组织机构中权力分配不平等的情况接受程度越高。因此，与许多拉美国家相比，中国更注重权力等级的区分。中资企业领导更重视与拉美高层领导的会谈，而比较忽视与普通民众的沟通。在一些中资企业，拉美本地员工很难晋升到中层级别。此外，拉美员工比中国员工更容易"质疑管理者的权威"，② 引发企业日常管理中的矛盾。

---

① Maria Montt and Johannes Rehner, "'Distancia Cultural' entre América Latina y Asia-Reflexiones sobre el Uso y Utilidad de Dimensiones Culturales," (《拉美与亚洲的文化距离——对文化维度运用的思考》) *Documentos de Trabajo en Estudios Asiáticos Número 8*: *Serie Cultura y Pensamiento*, Santiago de Chile: Pontificia Universidad Católica de Chile, 2012, p. 28.

② Evan Ellis, *China on the Ground in Latin America*: *Challenges for the Chinese and Impacts on the Region*, p. 163.

另一个值得一提的文化维度是"长期导向—短期导向"。在所有受调查的 39 个国家中，中国的长期导向指数排名第一，指数为 118。而巴西的指数为 65。虽然霍夫斯泰德的调查没有提供其他拉美国家的数据，但是我们可以由以下因素推测出其他拉美国家应偏向短期导向：在所测数值中欧美国家的得分普遍低于亚洲国家，而其中西班牙和葡萄牙等对拉美文化影响巨大的殖民时期宗主国均为短期导向国家，对拉美文化有相当影响的美国也为短期导向国家。此外，霍夫斯泰德认为巴西成为长期导向得分最高的非亚洲国家，根源在于其规模庞大的日裔少数民族。在长期导向的国家，人们更注重长远目标，愿意为最终目标不断奉献；在短期导向的国家，人们更注重当下，认为付出的努力应立见成效，不愿为将来而牺牲现在。一位阿根廷来华军官在与笔者访谈时指出：中国与阿根廷签订长达五十年的项目协议，让其无法理解。他认为协议应该五年一签，五年期满后进行重新评估，再决定下一个五年的协议是否签订和应如何签订。不过，在与拉美军官的访谈中，所有拉美军官均表达了对中国长远规划能力和执行能力的敬佩，并对自己国家因政党轮换造成的政策多变及短期行为抱怨不断。

第二节　中国对拉文化交流和文化传播相对滞后

"民相亲"的前提在于"民相知"。中国对外文化传播能力相对薄弱，中拉文化交往程度较浅、范围较窄，导致双方民众对彼此历史文化了解十分有限，无法消除或减少文化差异带来的误解。

一、中拉文化交流相对滞后

皮尤全球中心 2013 年的调查显示，智利和墨西哥 25% 的受访民众、阿根廷 21% 的受访民众和玻利维亚 19% 的受访民众对"是否喜欢中国的音乐、电影和电视"这一问题没有表达观点，19% 的玻利维亚受访民众、18% 的墨西哥受访民众、17% 的阿根廷受访民众和 16% 的智利受访民众对"是否喜欢中国的思想和习俗在本国的传播"同样无观点。[①] 对某一事物的了解和接触是对其产生观点和看法的前提。相当一部分拉美民众对中国的流行文化和思想习俗不置可否、没有概念，充分说明拉美国家民众对华认知的欠缺，而这种欠缺恰恰是源于双方文化交流的匮乏。

由于地理距离的原因，历史上中拉直接交往就比较少。在相当长的一段时间内，中拉关系在双方对外战略中只处于边缘和从属地位。冷战期间，一些拉美国家政府出于意识形态等方面的原因甚至敌视中国政府，导致拉美地区成为与中华人民共和国建交起步最晚、历时最长的地区。中拉之间坎坷的外交关系使得双方国家层面的文化交往受阻，民间文化往来效果十分有限。改革开放以来，中拉之间主要通过政治互访和经贸往来增进关系，文化交往作为经贸交往中的附带内容而存在。尤其是在 21 世纪中拉关系获得迅速发展的情况下，文化交往在程度上和范围上依然远远滞后于政治和经济的发

---

① Andrew Kohut, "America's Global Image Remains More Positive than China's," p. 28.

展，与频繁的高层互访和经贸关系的大幅提升形成了鲜明对比。中拉文化交往长期以来停留在以文艺交往为主的领域，直到 21 世纪才出现了以孔子学院为载体、通过教育合作来进行文化交往的新形势。① 但是中国"以语言带动文化"的模式仍处于探索阶段，很多孔子学院存在"教语言多，教文化少"的问题，② 其文化传播能力仍存在诸多不足。

在对外出版传播领域。很长的一段时间内，拉美市场上关于中国的书籍绝大多数由西方研究机构所写，很少能看到由中国人撰写的有关中国的书籍。近十年来，中国在拉美出版书籍的数量大大提升，但是其内容仍停留在中国政治、经济概况介绍的粗浅层面，在内容深度和学术严谨性上仍显不足，缺少中国历史、哲学、文学等领域的学术著作。③ 中共十八大以来，随着中拉人文交流的大幅提升，中国在对外出版方面开展了许多面向全球的综合性项目，但是这些项目以英语图书为主，西、葡语的项目相对较少。中拉出版界之间的直接沟通也很少，远低于中国与英语国家、法国、德国和日本等国的交流。国内只有五洲传播出版社、外研社等少数出版社有涉拉项目。中国的很多书籍，如文学作品等进入拉美，主要依靠西班牙汉学家和西班牙出版社的力量。④

作为中拉关系发展中的主要施动方，中国对拉美人文领域关注

① 程洪、杨悦：《试论 21 世纪中国与拉美国家关系发展中的文化因素》，第 145 页。
② 《汤一介谈孔子学院的问题：教语言多教文化的比较少》，人民网，http：//culture.people.com.cn/GB/87423/10119370.html，访问日期：2015 年 9 月 30 日。
③ ［墨］罗默·科奈赫：《从文化外交看中国对拉美国家的影响》，第 18 页。
④ 楼宇：《中国对拉美的文化传播：文学的视角》，第 34—36 页。

的相对欠缺，也是造成中拉人文交流不足的原因之一。以国内学者对拉美文化的研究为例，目前国内对于国际文化交流的研究很多，但对于中拉双边关系发展中文化因素的研究成果却十分有限，其深度和广度也有待拓展。① 一方面，拉美研究在中国的国际问题研究中一直处于相对边缘的位置，所受关注和重视近年来虽有所提升，但总体并未有根本性的变化。② 另一方面，在拉美研究中，中国学者对拉美文化研究的重视程度还不够，与政治和经济等领域的研究相比仍存在一定差距。以 2005—2015 年《拉丁美洲研究》所刊文章为例，这些文章研究领域主要集中在拉美经济（25.12%）、拉美政治（22.15%）、拉美社会（15.91%）等领域，有关拉美文化的研究只占 2.18%。社科院拉美所 35 名在职研究人员中，有 10 人从事经济学研究，10 人从事政治学研究，仅有 1 人从事文化研究。③ 从研究内容来看，学者对拉美文化的研究还不够深入和细致，而且相当一部分著述是介绍性的，而不是研究性的。④

二、在拉华人文化传播力量有限

海外移民是一国文化在他国传播的重要载体。移民本身拥有的文化素养、传承的习俗和构建的价值观都直接影响着移民接收国民众对移民输出国的想象和认知。除去文化差异因素外，作为文化传

① 程洪、杨悦：《试论 21 世纪中国与拉美国家关系发展中的文化因素》，第 140 页。
② 郭杰：《比较视野下的中国拉美研究》，《国际政治研究》2016 年第 5 期，第 87 页。
③ 郭杰：《比较视野下的中国拉美研究》，第 102—104 页。
④ 徐世澄：《跨入新世纪以来中国对拉美文化的研究概况》，韩琦主编：《拉丁美洲文化与现代化》，第 101 页。

播主体的移民在文化传播中发挥的作用直接影响着一国的软实力。以同为亚洲儒家文化圈的日本为例，日本是巴西的第二大移民输入国，截至 20 世纪末日本在巴西共有移民 150 万人。[①] 大多数日裔巴西人生活比较优越，不少佼佼者进入了上流社会。巴西人认为日本人及其后裔工作勤奋，家庭责任感强，因而对日本人多持好感。[②] 正因如此，在"拉美晴雨表"民意调查中，巴西民众对日本的好感度高达 75%，高出中国 18 个百分点。[③]

海外华人在中华文化对外传播中发挥了重要作用。然而拉美华人自身条件的限制也在一定程度上影响了中华文化在拉美的传播。

首先，大量华人移民文化水平不高，无法形成有效的文化传播力量。早期与拉美进行经济文化交流的华人主要是来自下层社会的民众。例如，19 世纪后半叶，大量穷苦华人被当作苦力贩卖到拉美，从事重体力劳动。这些契约华工绝大多数是中国东南沿海的农民、小手工业者或小商贩，他们文化程度很低，相当多是文盲。自身条件的限制决定了他们传播的文化层次较低，主要为民俗文化。这些零星的民俗文化只是中华文化的一个分支，并不构成博大精深的华夏文明的主体。改革开放以后，中国向拉美移民的数量急剧上升。但是，这些新移民文化水平参差不齐，仍有很大一部分来自农村，受教育程度偏低，多从事餐饮业、批发零售业和进出口贸易。与去

---

① 高洪：《略论 21 世纪日本对拉美外交战略变迁》，《拉丁美洲研究》2015 年第 1 期，第 34 页。

② 高伟浓：《拉丁美洲华侨华人移民史、社团与文化活动远眺》（上册），第 2 页。

③ "Imagen de los Países y las Democracias,"（《各国的形象与民主》）拉美晴雨表网站，www. latinobarómetro. org，访问日期：2015 年 2 月 28 日。

往欧美国家的中国移民相比，去往拉美的中国移民中"知识型""技术型"的明显偏少。①

其次，新生代华人本土化导致其民族认同感不高，中华文化传承无法有效延续。早期华人在拉美生活艰难，19 世纪作为苦力的华人劳工地位与黑奴相差无几。而且，一些拉美国家数次掀起排华浪潮，当地政府敌视性的法律政策和种族主义色彩的社会制度，使华人群体饱受磨难。一方面，由于外交原因，在拉华人在很长时间内无法得到祖国的有力支持和当地政府的尊重，只有融入当地社会才能享受到真正的国民待遇。因此，新生代华人普遍视融入主流社会为正途，纷纷接受拉美本地教育而逐渐远离了中华文化。另一方面，早期通过苦力贸易到达拉美的大批华人绝大多数为男性，女性极少。他们与当地女性结婚生子、组建家庭，通过通婚的方式融入当地社会，作为其后代的混血华人从语言文化、宗教信仰到生活习惯，均完全融入了当地社会，完成了"被同化"的过程。这些华人与中国文化的传统联系很少，对祖国文化的认同十分有限。随着第二代、第三代及以后的华人逐渐融入当地社会，其纷纷搬离第一代华人聚居形成的"唐人街"，"唐人街"在文化习俗传承方面的重要作用也逐渐被削弱。

此外，华人对拉美社会的影响力有限，限制了中华文化在拉美的传播。首先，从数量上来看，华人人口在拉美总人口中所占比例

---

① 崔守军、徐鹤：《拉美华人华侨在构建"中拉命运共同体"中的作用及路径》，《拉丁美洲研究》2018 年第 1 期，第 41 页。

不高。2014 年，拉丁美洲和加勒比国家华侨华人总数约为 121 万,[①]
仅占拉美和加勒比国家总人口的 1.9‰。在巴西的华人华侨人数位居
拉美各国华人华侨之首，在 25 万以上，但是仅占巴西总人口的 1‰。
其次，华人到达拉美已有 200 年的历史，一些华裔在经济上获得了不
小的成就，但是其积极主动参政的意识明显不足，没有达到应有的
程度。除了苏里南、秘鲁、巴拿马等国有华裔进入政界高层外，其
他拉美国家还比较少见。[②] 最后，拉美华人媒体影响力不足。由于老
一代移民后代没能继承文化传统，新一代移民文化水平有限，拉美
大多数国家没能形成如欧美国家华人创办的华文媒体的规模和声势。
目前，拉美大多数国家的华文媒体仍以传统的平面媒体为主，尚没
有华文电视台，华文电台和网络也刚刚出现，尚未形成规模。[③]

第三节　西方话语霸权在拉美

　　作为国家形象的重要传播载体，媒体对拉美民众对华认知和情
感的塑造方面有着至关重要的作用。然而，由于欧美传媒对拉美有
着较深的影响，造成拉美媒体对中国的报道有失偏颇，我们至今无
法向拉美民众呈现一个完整、真实的中国。

---

　　① 杨发金:《拉美华侨华人的历史变迁与现状初探》,《华侨华人历史研究》2015 年第 4 期,
第 40 页。
　　② 崔守军、徐鹤:《拉美华人华侨在构建"中拉命运共同体"中的作用及路径》,第 42 页。
　　③ 高伟浓:《拉丁美洲华侨华人移民史、社团与文化活动远眺》(上册),第 83 页。

一、欧美传媒对拉美的影响

欧美传媒的话语霸权由来已久，对全世界都产生着巨大影响。而拉美地区由于长期以来在经济、政治、文化等方面对欧美的依附，其受欧美媒体影响的程度显得尤为严重。这种影响不仅表现在对欧美媒体产品的直接运用，也表现在对欧美媒体的观点、意见和报道角度的接受和跟从。

关于拉美媒体受美国媒体影响程度的深厚，智利学者雷耶斯·马塔（Reyes Matta）在一次接受访谈时提到这样一个观点：拉美新闻是一个"北渡南归"的结果——即使是拉美自身的新闻，也要经历拉美发生—美国制作—传播回拉美这样一个过程。也就是说，当一个事件在拉美发生后，北美的强势新闻机构对其进行加工和发布，而一些拉美媒体受其影响，在意见上进行跟从，将美国的新闻意见当成国际社会主流意见，如此形成依附。拉美地区自身新闻尚且如此，其媒体上关于中国的报道就更是如此了。

以拉美报纸为例，拉美报纸上关于中国的报道主要来自欧美通讯社，包括西班牙埃菲社、美联社、法新社、英国路透社和德新社等。一方面，与欧美国家相比，拉美国家的新闻采编能力较弱。出于经济方面的考虑，拉美报社更倾向于购买欧美通讯社的消息和外来撰稿人的稿件，而不是直接向中国派驻记者。在拉美33国中，驻华记者从2010年高峰时期的5国8名降至2015年的2国2名，仅有

《秘鲁商报》和古巴通讯社"拉丁美洲通讯社"各向中国派出一名通讯员。① 另一方面，虽然中国新华社在拉美地区也有一定数量的媒体用户，比如墨西哥的《每日报》（La Jornada）、智利的《美洲经济》（América Economía）、秘鲁安第斯通讯社等，② 但是，新华社是国家通讯社，由于意识形态的差异，拉美媒体普遍认为新华社是"中国官方的宣传机构"，因此对新华社播发的新闻稿件持一定的保留态度，更倾向于使用他们认为更为"客观中立"的欧美通讯社的稿件。③ 此外，由于拉美的价值观念更接近西方体系，且拉美媒体大多是由受过欧美教育的精英把持，因此拉美媒体在对新闻角度的选择上，更倾向于与欧美价值观相似的态度。

二、以拉美报纸对香港"占中"事件的报道为例，考察欧美媒体对拉美涉华报道的影响

在拉美报纸与中国有关的新闻中，除了经济、双边关系等话题外，一些敏感话题也较受关注，如达赖喇嘛、两岸关系、人权问题等。④ 而这些问题恰恰是经常被某些别有用心的欧美媒体利用，借以炒作、歪曲事实来诋毁和抨击中国。近年来，中国不断加大对外传播力度，通过新华社、中央电视台、中国国际广播电台等在海外积极发声，抗衡西方媒体的话语霸权。但是从实际效果来看，欧美媒

---

① 《秘鲁商报》前驻华资深记者在"人文交流：中拉关系的新支柱"学术研讨会上的发言。
② 新华社与拉美媒体合作情况由笔者与新华社记者、《秘鲁人报》记者访谈所得。
③ 《秘鲁人报》和安第斯通讯社记者以及新华社记者与笔者访谈时表达的观点。
④ 《秘鲁商报》前驻华资深记者在"人文交流：中拉关系的新支柱"学术研讨会上的发言。

体在拉美的影响力仍是压倒性的，尤其对敏感话题的报道上，拉美媒体表现出"一边倒"的态势。本书选取 2014 年香港"占中"事件这一敏感话题，考察拉美报纸对该事件的态度及西方媒体对拉美报纸的影响程度。

"占中"事件是 2014 年在我国香港特别行政区发生的"占领中环"非法集会的事件。西方媒体一向对我国群体性事件非常"感兴趣"，在"占中"事件发生后，各西方主流媒体对这一事件进行了连篇累牍的报道，且在报道中对非法抗议者进行了或明或暗的支持；很多西方媒体甚至用不客观、不公正的报道对香港警察、特区政府和中央政府横加指责，企图抹黑中国政府。与此同时，中国通过新华社、《人民日报》等各大媒体积极发声，与西方媒体打响了一场舆论战。那么，在这一事件中拉美媒体的态度是如何的呢？本书选取哥伦比亚影响力最大的报纸《时代报》（*El Tiempo*）①、委内瑞拉重要报纸《环球报》（*El Universal*）②、阿根廷主要报纸之一《民族报》（*La Nación*）③ 和墨西哥第一大报《至上报》（*Excélsior*）④ 以及新华社在拉美的媒体用户之一墨西哥的《每日报》（*La Jornada*）⑤ 等，在各报纸网站搜索栏输入关键字"Protesta Hong Kong"（抗议　香港），截取 2014 年 9 月 28 日到 2014 年 10 月 28 日之间，也就是香港"占中"事件爆发后一个月内的报道进行分析。

---

① 网址为：www. eltiempo. com／。
② 网址为：www. eluniversal. com／。
③ 网址为：www. lanacion. com. ar／。
④ 网址为：www. excelsior. com. mx／。
⑤ 网址为：www. jornada. unam. mx／。

首先，关于新闻来源。在"占中"事件上，五份报纸均没有采用新华社的新闻报道。哥伦比亚《时代报》的 27 篇相关报道中，除了两篇报道为其自己编辑报道外，其余均来自国外媒体，其中西班牙埃菲社 10 篇、法新社 11 篇、《中国档案》杂志 2 篇、英国广播公司 1 篇、路透社和法新社综合报道的 1 篇。而《时代报》自己编辑报道的两篇中，还有一篇还是综合了法新社和埃菲社的报道得来的，因此真正自编的其实只有一篇。阿根廷《民族报》的相关报道全部来自埃菲社、法新社、德新社、美联社、路透社、英国广播公司、意大利安莎通讯社等欧美媒体。墨西哥《至上报》的新闻报道来源除了路透社、美联社等外，还有来自墨西哥通讯社的新闻。委内瑞拉《环球报》的新闻虽然大部分均为自己编辑报道，但是在每篇新闻内容中都引用了埃菲社、法新社、路透社等的消息。尤其值得一提的是，虽然墨西哥《每日报》平时会向新华社购买一定数量的新闻稿件，但是在这一事件上的报道，完全采用的是欧美通讯社的稿件。

其次，对于新闻内容的分析：

来自欧美通讯社的报道多以示威者为主要报道对象，将"占中"参与者或支持者作为新闻消息源，多篇新闻在介绍事件政治背景时提到"1997 年香港回归时中国做出的承诺"，企图颠倒是非，将中国政府塑造成"不遵守承诺"的形象。还有一些新闻报道以"中国加强网络审查"为报道主题，引入与"占中"无直接相关的负面报道。经过对报道用语分析后可以发现，来自欧美通讯社的新闻多将"占中"事件称作"雨伞革命",将"占中"者的行动描述成"无人组织的""自发的""温和的""安静的""有序的",而反"占中"者则"袭击示威者的帐篷","毁坏示威者的医药物资";香港警方"逮捕""殴打"示威者并"使用催泪弹",香港特区政府则"要求示威者撤离"。由此可以看出,欧美通讯社的报道试图将"占中"示威者塑造成正义的一方。

拉美报纸自编的报道及来自墨西哥通讯社的报道,和欧美通讯社提供的新闻在报道角度和措辞上并没有本质上的区别。如哥伦比亚《时代报》自编的新闻报道《学生遭袭击后香港对话变得更加复杂》中,将"占中"事件描述为"要求获得自由投票表决制度的游行示威",并多处引用了"占中"支持者的话语作为消息源,还报道了警察"使用催泪弹后示威人群减少"等警察和示威者之间的冲突。[①] 墨西哥《至上报》引自墨西哥通讯社的新闻《联合国支持香港学生示威》报道了联合国人权委员会对"占中"的"支持",并全篇采用了"占中"支持者的立场。[②] 委内瑞拉报纸《环球报》的报道大多为自编新闻,报道内容与其他报纸相比更多样化一些,除"占中"的场面表现和进程发展外,还报道了美方态度、台湾方面态度和中方反对外部干涉的态度等,但是除此之外,措辞和角度与前

---

① "El Diálogo en Hong Kong Se Complica por Ataques a Estudiantes,"(《学生遭袭击后香港对话变得更加复杂》),*El Tiempo*(《时代报》),http://m.eltiempo.com/mundo/asia/manifestar tes-en-hong-kong-anuncian-suspension-de-dialogo-con-gobierno/14632475/1,访问日期:2015 年 10 月 20 日。

② "ONU Apoya Protestas Estudiantiles en Hong Kong,"(《联合国支持香港学生示威》)*Excélsior*(《至上报》),http://www.excelsior.com.mx/global/2014/10/23/988549,访问日期:2015 年 10 月 20 日。

文分析的欧美媒体的报道基本一致。

无论是欧美通讯社报道还是拉美自编报道，其中一些对中国《人民日报》的新闻进行了引用，用以表达中方立场，但是都强调《人民日报》为"中国共产党的官方机构"。

在所有的新闻报道中，只有哥伦比亚《时代报》引自《中国档案》杂志的一篇题为《"雨伞革命"似乎正在漏水》的新闻对"占中"造成城市瘫痪、社会分裂、对香港商业和旅游业产生冲击等不良影响进行了报道。① 除此之外，没有新闻从"占中"造成的负面影响这个角度或站在反"占中"者的立场进行报道。

从以上分析可以看出，欧美通讯社对"占中"事件的报道，事实上遵循了西方对华负面报道的固有模式，选择性地忽略"占中"事件破坏法制、撕裂香港社会的本质，用带有偏见的角度攻击警察和政府，并宣扬西方所谓的"普世价值"。而拉美报纸对该事件报道的重点和方向都如出一辙。与此形成鲜明对比的是，中国大陆官方媒体为引导舆论向结束"占中"事件的方向上发展，多采用反对"占中"一方的观点，报道该事件的恶劣影响、香港各界的反对、反"占中"抗议等。而这些角度和立场在拉美媒体中几乎没有得到体现。可以说，在这场舆论战中，中国在拉美战场上没有能够成功掌握话语权。

约瑟夫·奈认为："信息时代的政治'最终可能是国际报道的较

---

① "'Revoluciónde los Paraguas' Parece Estar Haciendo Aguas,"（《"雨伞革命"似乎正在漏水》）*El Tiempo*（《时代报》），http://m.eltiempo.com/mundo/asia/revolucion-de-los-paraguas-parece-estar-haciendo-agua/14639905/1，访问日期：2015 年 10 月 20 日。

量’。话语成为软实力的货币。"① 在对外传播和国际交往中，掌握了话语权就意味着掌握了主动性，才能在最终的战略博弈中占得舆论先机和道德优势。如何在拉美打破欧美主流媒体的"话语霸权"成为中国施展软实力必须面临的棘手课题。

第四节　历史的伤痛与拉美疑虑、戒备和
矛盾的对华心态

拉美国家在历史上遭受了诸多磨难和痛苦，一直在国际关系中处于边缘和附属地位。这样的历史遭遇在一定程度上影响了拉美国家的对华心态。

一、拉美历史发展中的依附性及其对中国的戒备

16 世纪，欧洲殖民者入侵美洲大陆，政治上强行征服、经济上残酷剥削、文化上不断同化，使拉美完全沦为欧洲的附属品。18—19 世纪拉美独立运动后，虽然拉美国家纷纷建立了独立的共和国，但其在殖民时期形成的对欧洲国家的依附地位并没有改变，在政治上由受欧洲文化熏陶的白人掌握政权，在经济上依然延续其原材料提供者和工业品市场的边缘角色。此后的进口替代政策和新自由主义道路同样没有改变拉美对发达国家的依附，其在资金和技术上对世界市场的严重依赖，使得对外贸易成为拉美国家获取资金和先进

---

① ［美］约瑟夫·奈：《权力大未来》，第 147 页。

技术的主要渠道。

20 世纪后半期，依附论（Dependency Theory）对拉美产生了广泛的影响。依附论认为世界经济呈现"中心—外围"的结构特征，外围对中心的依附导致外围国家的持续不发达。依附论强调外部因素对拉美经济的负面影响，将拉美不发达的根源归结于外因。在这种思想的影响下，拉美对于外部因素的敏感和戒备就变得合情合理了。

而中国对拉美的投资贸易方式依然比较粗放，与历史上欧美国家对拉贸易模式有许多相似之处，因此拉美人不自觉地将今天的中国与欧美"中心"国家进行类比。首先，从中拉贸易结构上来看，拉美对华出口产品高度集中在原材料上，如石油和矿产资源；而中国对拉出口产品则集中在工业制成品上，近年来中国对拉技术密集型产品出口也呈现逐渐增多的态势。2013 年初级产品占拉美对华出口的 73%，低、中、高技术制成品仅占 6%。而在中国对拉出口产品中，91% 为各类技术制成品。①此外，中国的工业制成品因价格上的竞争优势，对拉美一些国家的制造业造成了冲击，因而频频遭受拉美国家发起的贸易反倾销。另一方面，拉美国家对华出口产品比较单一，如智利主要对华出口铜矿，巴西、阿根廷则主要为大豆等产品。中国对拉出口产品的种类则更丰富。② 其次，从贸易重要性上来看，中国已经成为拉美多国的第一和第二大贸易伙伴，然而拉美国

---

① Comisión Económica para América Latina y el Caribe（CEPAL），*América Latina y el Caribe y China：hacia una nueva era de cooperación económica*（《拉丁美洲与加勒比和中国：迈向经济合作的新时代》），Santiago de Chile：CEPAL，2015，p.41.

② ［英］莱斯·詹金斯：《拉丁美洲与中国：一种新的依附关系?》，郝诗楠译，《国外理论动态》2014 年第 2 期，第 70 页。

家在中国对外贸易中则并没有占据如此的重要性。2013 年中国十大贸易伙伴中，拉美国家仅有巴西排名第九。[①]

正因如此，一些拉美学者认为中拉贸易结构日渐显现出中心—边缘的不对称态势，并认为在中拉关系中中国处于主导地位而拉美处于被动回应的地位。[②] 如此，就不难理解拉美国家对中国始终存在的疑虑和戒心了。

拉美学界对于中国对其究竟意味着是机遇还是挑战的讨论由来已久。虽然中国一直强调中拉合作为"南南合作"，但是许多拉美学者还是将中拉关系看作是"南北合作"。如阿根廷学者阿里埃尔·斯里帕克（Ariel M. Slipak）认为，虽然表面上看中国试图与拉美国家建立的是互利基础上的关系，但事实上还是存在诸多不对称性：在贸易领域，中国拥有传统的比较优势；在直接投资和贷款方面，虽然中国不像美国、欧洲或者某些多边机构那样强加一些传统的条件，但是在实践中还是以一种新颖的方式呈现出了中心国家与边缘国家之间胁迫和强制的做法。他认为中国与委内瑞拉签署协议、建立全面战略伙伴关系，实际上只是为了保障自己的能源供应，认为中拉之间表面上说的是发展中国家间的合作，实际上是服从和依赖的关系。[③] 巴布洛·亚历山德罗·纳迟同样认为：由于贸易逆差和进出口

---

① 《2013 年中国十大贸易伙伴》，中国网，http：//finance. china. com. cn/roll/20140302/2225361. shtml，访问日期：2015 年 11 月 15 日。

② Pablo Alejandro Nacht, "El Dragón en América Latina: las Relaciones Económico-comerciales y los Riesgos para la Región,"（《拉丁美洲之龙：经贸关系与拉美地区的风险》）p. 142.

③ Ariel M. Slipak, "América Latina ante China: ¿ Transición del Consenso de Washington al Consenso de Beijing?"（《中国面前的拉丁美洲：从华盛顿共识到北京共识的转变？》）*Jornadas de Economía Crítica*（Oct. , 2014）, pp. 10–14.

产品结构等问题，中拉关系是一种不对称的关系。①

二、美拉关系及拉美对华矛盾心态

1823 年美国总统门罗提出"美洲是美洲人的美洲"的"门罗宣言"起，美国就一直将拉美视为其后院，在政治、经济、文化等多方面实施控制、干涉和渗透。20 世纪 80 年代末，美国经济学家针对遭受经济危机的发展中国家提出了一系列经济改革措施，也被学界称为"华盛顿共识"。这种新自由主义的经济政策在拉美国家普遍推行，但是它不但没有"治好"拉美，甚至加重了许多拉美国家的经济和社会问题，并进一步加强了拉美经济的依附性。在对自身依附地位、美拉关系以及对"华盛顿共识"的反思中，拉美国家积极推动区域经济一体化，发展贸易多元化政策，表现出越来越强的自主意识。

这种反思，一方面使拉美国家重视与中国的关系，对中国充满期待；另一方面也表现为对中国的疑虑和不满。

对中国的期待表现在以下方面。第一，中国的崛起和中拉关系的日益紧密，为拉美国家提供了一种新的选择。根据联合国拉美经委会测算，中国经济每增长 1 个百分点，将拉动拉美经济增长 0.5 个百分点。② 联合国拉美经委会也曾多次发表研究报告，鼓励拉美国家

---

① Pablo Alejandro Nacht, "El Dragón en América Latina: las RelacionesEconómico-comerciales y los Riesgos para la Región," (《拉丁美洲之龙：经贸关系与拉美地区的风险》) pp. 143-146.

② 《财经观察：拉美为何乐与中国深化合作？》，新华网，http://news.xinhuanet.com/fortune/2015-06/06/c_127885975.htm，访问日期：2015 年 11 月 1 日。

抓住机遇，大力发展与中国的经贸关系。因此拉美国家对中国充满期待，渴望通过同中国的合作，获得更大的经济利益。第二，中国的崛起为拉美国家改变其在美拉关系中的被动地位提供了新希望。一些拉美国家希望通过中国压制美国，另一些则希望通过中国刺激美国。哈佛大学教授豪尔赫·多明戈斯（Jorge I. Domínguez）在分析中拉关系时指出：巴西、阿根廷希望中国对美国产生"软制衡"，而古巴、委内瑞拉则希望中国对美国产生"硬制衡"。① 巴西政治学家莫妮卡·赫斯特（Mónica Hirst）认为：中巴两国在建立一个美国有着更少主导地位的多极化的世界这一点上有着共同的利益。②

另一方面，"华盛顿共识"在拉美的失败带来的伤痛和在拉美社会留下的心里阴影，也影响到了拉美对同为域外大国的中国及其"北京共识"的态度。近年来，随着中国经济发展取得的巨大成功，"中国模式"或"北京共识"确实引发了拉美国家的关注和思考，但是拉美学者在讨论"北京共识"时，常常表现出警惕的态度和较强的区域自主意识。拉美学者习惯于将"北京共识"与"华盛顿共识"进行比较，并进而将其引申成为中国和美国两个域外大国对拉美产生的影响。墨西哥瓜达拉哈拉大学教授哈伊梅·布来西亚多（Jaime Preciado）在其文章《华盛顿共识和北京共识之间社会发展的差距》中，列举了"华盛顿共识"给墨西哥带来的不良后果和中国社会存

---

① Jorge I. Domínguez, "China's Relations with Latin America: Shared Gains, Asymmetric Hopes," *Inter-American Dialogue China Working Paper* (Jun. 2006), p. 26.

② Martín Pérez Le-Fort, "América Latina y China: Temores y Realidades," (《拉丁美洲和中国：恐惧和现实》) *Anuario Asia-Pacifico 2008*, Madrid: CIDOB-RIE, 2009, p. 95.

在的各种问题，认为"华盛顿共识"和"北京共识"带来的不良后果有很多相似之处。他最后得出结论，认为对拉美来说两种共识都不合适，其最终还是要走自己的路，建立一个"拉美共识"。[①] 他在另一篇文章《华盛顿共识和北京共识之间的拉丁美洲：地区自主一体化的困境和潜力》中还指出：拉美的地区自主性不断加强，面对"华盛顿共识""后华盛顿共识"和新出现的"北京共识"，表现出越来越强的自主意识。[②]

第五节　中国软实力的实现方式问题

中国在软实力的实现方式上，存在一些不足，这些不足影响了中国对软实力资源的运用，对中国在拉美软实力的建设构成了障碍。

一、中国软实力实现方式针对性不强

中国在拉美软实力的不足源于多方面的因素，其中一个非常重要的原因就是中国软实力的实现方式针对性不强。

针对这一点，国内外的一些专家学者做出过不少善意的批评和

[①]　Jaime Preciado, "Entre el Consenso de Washington y el Consenso de Beijing. Las Brechas del Desarrollo Social," （《华盛顿共识和北京共识之间社会发展的差距》）*Revista Universitaria de Desarrollo Social*, No. 1 (Jun. -Nov. , 2011), pp. 13-25.

[②]　Jaime Preciado and Pablo Alejandro González, "América Latina, entre el Consenso de Washington y el Consenso de Beijing: Dilemas y Potencialidades de la Integración Regional Autónoma," （《华盛顿共识和北京共识之间的拉丁美洲：地区自主一体化的两难和潜力》）see http: //www. academia. edu/ 2635913/Rivalidades_entre_el_Consenso_de_Washington_y_el_Consenso_de_Beijing. _Su_impacto_en_ Latinoamerica.

建议。如英国中国问题研究专家麦启安（Alistair Michie）指出："想让中国能更好地被别人所理解就是要吸引、接触外国人，找到他们的兴趣点有的放矢"。"真的要让年轻人融入这个文化的话，必须要和他们的语言教学和自身文化结合到一起，……就是要把中国的汉语也融入到西方语言的文化当中"。① 英国威斯敏斯大学传播学教授柯林·斯帕克斯（Colin Sparks）在参加"中国海外传播"圆桌讨论时指出，"中国的海外传播很多时候目标受众不清晰，传播者常常不知道自己在同谁讲、在讲给谁听，定位上的这种模糊性让海外传播实效大打折扣"。②

中国软实力的实现方式针对性不强主要表现在以下几个方面：

一是没有使用符合受众语言习惯和思维习惯的方式。中拉之间由于历史、文化、语言、价值观、制度等方面存在明显差异，有着截然不同的话语体系。这一点在中国特色的时政话语中表现得尤为突出，在很大程度上影响了中国对外传播的有效性。在过去很长一段时间内，翻译人员对一些话语，尤其是中国政治文化语境下的特有政治词汇的翻译比较生硬和机械，增加了外国受众的理解难度。外交部翻译室（翻译司前身）原主任陈明明大使认为：中国的英文表达方式受苏联式英文影响很大，许多表述与西方社会的理念格格不入，有些外文表述在当今西方社会看来是含贬义的。西文翻译也

---

① 《"文化走出去，提升企业软实力"对话》，新浪财经，http：//finance. sina. com. cr/hy/20111201/161710918006. shtml，访问日期：2015 年 8 月 1 日。

② 《"中国媒体国际传播能力建设战略研究"课题研究动态（二）》，全国哲学社会科学规划办公室网站，http：//www. npopss-cn. gov. cn/GB/219535/16237861. html，访问日期：2015 年 9 月 10 日。

存在同样问题。例如，从前一些政治文件习惯于将"个人主义"翻译成"individualism"，把"自由主义"翻译成"liberalism"，但是"individualism"和"liberalism"是西方价值观念中最核心的理念，而且并不是我们所要反对的"自由主义"和"个人主义"。目前我们已经逐渐意识到这些问题，并积极做出改善。例如，2017年中共十九大报告的外文翻译实现了一项重大突破，就是首次邀请外国专家参与文件翻译，确保习主席的思想准确传达给大家。

二是没有打造融通世界的故事载体。在新时代下，如何讲好中国故事，使国际社会准确理解中国的核心价值理念，客观了解和认识中国改革开放以来的发展和变化，是我国对外传播界面临的巨大挑战。长期以来，中国的对外传播以自我宣传为主，官方色彩浓厚，宣传方式过于僵硬，且注重宏观层面和"高大上"的宣传，因而传播效果不佳。事实上，好的对外传播不是一个单向的推广过程，而是一个与海外受众进行跨文化交流和心灵对话的互动过程。中华文化博大精深，有很多值得深挖的资源。而越是抽象的道理、深邃的价值观，尤其是中国的古代文化和哲学理论，越是需要通过讲故事的方式、打比喻的形式，运用浅显易懂、生动活泼、注重细节的故事载体来表述其中的哲理和价值观，使深奥的哲理和价值观为世界人民所理解。美国的好莱坞大片和一些娱乐节目，看起来轻松诙谐，但始终是弘扬"美式主旋律"，是"美国梦"的另类表达。其优势在于具有融通世界的故事载体，采用经济、文化、娱乐类的"软话题"和"夹带式"的政治传播方式，跨越了语言障碍，超越了文化纷争，穿越了心灵隔阂，增进了软实力的认同质量。

三是本土化战略实施不够。媒体、文化、教育、艺术团体走出去时，因为没有开展深入细致的调查研究，在了解受众国的实际情况、实际需要、喜爱偏好和风俗习惯方面做得不够，导致"适销不对路"。例如，在中国输出到拉美的一些文化活动中，有些虽投入巨大却反响平平；在中国文学走出去过程中，有些"送出去"的作品过分强调政治正确或主流话语，忽视了作品的文学性和海外读者的"他者眼光"，与市场实际需求相脱节。① 进入 21 世纪以来，新华社、《今日中国》杂志已经认识到这个问题，并积极开展本土化的尝试。例如，2004 年以来，《今日中国》杂志社在拉美开始实施期刊本土化计划，在墨西哥成立拉美分社，在当地编辑、印刷和发行期刊以实现杂志本土化，从而更贴近拉美当地读者，符合其阅读习惯。然而，在本土化尝试过程中仍面临诸多挑战。例如，中国媒体还处于报纸、通讯社、电视台为主体的发展状态，新媒体发展有待进一步拓展。与国际一流媒体相比，中国国内主流媒体对推特（Twitter）、脸谱网（Facebook）等境外社交媒体平台的运营仍存在相当差距，比如信息发布频率总体偏低、与"粉丝"互动不够紧密、对海外用户需求把握不够、内容贴近性不强、信息时效性差、对重大新闻或敏感事件报道失声失语等。② 此外，如何吸引更多的读者，尤其是年轻读者，以及如何在每一个国家具体传播等均是需要深耕的问题。

---

① 楼宇：《中国对拉美的文化传播：文学的视角》，第 42 页。
② 何慧媛：《媒体如何有效利用境外社交媒体平台》，《对外传播》2015 年第 6 期，第 71 页。

二、中国软实力外交应更好地发挥民间力量的作用

约瑟夫·奈认为："政府通过其政策和公共外交创造的软实力只是软实力的一部分。软实力的产生还受到国内外大量非政府行为体的正面（和负面影响）。"[①] 在软实力施展过程中，与政府相比，非政府行为体等民间力量有着一定的先天优势。

当前中国软实力外交还呈现出政府包揽多、民间社会参与少的态势。政府参与和主导的各项对外传播和交往活动，在整合相关资源、联合机构、拓宽推广途径等方面有着很强的优势，但由于其较强的目的性、交往方式的局限和文化壁垒的存在，很容易削弱中国在拉美软实力施展的效果。根据世界价值观调查显示，拉美民众对本国政府和政党的信任程度均大大低于中国民众对本国政府和政党的信任程度。[②] 拉美民众对政府和政党普遍持有的怀疑态度，会直接投射到任何由政府主导的带有官方色彩的活动中。由于拉美民众对中国缺乏了解，加之西方媒体一贯对中国形象的抹黑和中西意识形态上的差距，拉美民众对其官方活动所谓的"背后目的"和"利益"的揣测增加了中国软实力走进拉美民众的困难。

中国的新华网、人民网、中央电视台、中国国际广播电台等均设有西班牙语网页（频道）；新华社在拉美有一定的媒体客户；中央电视台在拉美所有建交国家都实现了落地，但是由于这些外宣媒

[①] ［美］约瑟夫·奈：《权力大未来》，第 143 页。

[②] "World Values Survey," http：//www.worldvaluessurvey.org/wvs.jsp，访问日期：2018 年 5 月 8 日。

体的官方背景，使其宣传效果大打折扣。在香港"占中"事件的报道中，与新华社签有协议的墨西哥《每日报》没有选用任何新华社的报道，其他拉美报纸在引用《人民日报》消息后均强调其官方背景，就是一个很好的例子。中国最早成立的致力于民间外交工作的中国人民对外友好协会，在国外看来其实是一个"官方的非政府组织"。①

与此形成对比的是，民间交流和传播活动由于其较少的政治色彩和灵活多样的组织形式，更容易为拉美受众所接受，有助于树立牢固的社会基础。事实上，中国并不缺乏民间力量。截至 2015 年，海外华人华侨人数已超过 6000 万。② 2017 年全国实有市场主体达到 9814.8 万户，③ 社会组织 80.3 万个。④ 每个非政府组织、每个企业、每个公民都是软实力外交的主体。我们需要做的是如何发掘、协调、整合这些力量，在继续保持政府主导的前提下，充分发挥社会组织、民间团体、企业和公民个人的作用，采取"官方搭台，民间唱戏"的策略，拓展软实力的实现方式。

第六节　国内问题对中国软实力的影响

中国国内存在的问题，如治理不到位造成的官员腐败、环境污

---

① 笔者与一位拉美军官访谈时，拉美军官对友协的看法。

② 《海外华人华侨已超 6000 万人，分布于 198 个国家和地区》，中国网，http：//news. china. com. cn/2014lianghui/2014-03/05/content_31685623. htm，访问日期：2015 年 9 月 22 日。

③ 林丽鹂：《2017 年新设市场主体创新高》，《人民日报》2018 年 1 月 19 日，第 10 版。

④ 夏康健：《去年我国社会组织达 80.3 万个》，《人民日报》2018 年 5 月 21 日，第 11 版。

染、城乡差距、劳动用工等方面的社会问题，以及经济、科技等硬
实力不足的问题，对中国软实力的实现也造成了重要影响。

一、中国国内治理不到位对国家形象的影响

约瑟夫·奈认为："权力实施者与行为的三个特质对吸引极为重
要：善意、能力与榜样（魅力）……'才华'或'能力'指权力实
施者做事的方式，它能够引发羡慕、尊敬和效仿。"[1] 良好的榜样和
示范作用可以产生吸引力，反之则会给软实力减分。目前中国还处
在社会主义初级阶段，许多制度尚不完善，各项改革仍在进行当中，
不可避免地需要面对很多政治、经济、社会方面的难题和困境。在
信息时代，由于网络媒体、自媒体、移动媒体的发达，信息传播几
乎不受时间和空间的限制。要树立中国在拉美的良好形象，首先需
要树立积极的国内形象。

中国国内的城乡差距、环境污染、企业素质良莠不齐等问题
成为损害中国形象的重要因素。墨西哥学者哈伊梅·布来西亚多
（Jaime Preciado）在其文章《华盛顿共识和北京共识之间社会发展的
差距》中，指出了中国社会存在的环境污染、巨大的能源消耗和各
种社会矛盾，因而认为"北京共识"和"华盛顿共识"一样会带来
诸多不良后果。[2] 在他看来，"北京共识"因中国国内存在的问题而

---

① ［美］约瑟夫·奈：《权力大未来》，第 130 页。

② Jaime Preciado, "Entre el Consenso de Washington y el Consenso de Beijing. Las Brechas del Desarrollo Social," （《华盛顿共识和北京共识之间社会发展的差距》）*Revista Universitaria de Desarrollo Social*, No. 1（Jun. -Nov., 2011）, pp. 13-25.

无法令人信服，因而不具备足够的吸引力。中国企业在拉美因环保和劳工问题频繁遭遇民众抗议，一方面是因为一些中国企业在拉美确实没有履行好社会责任，另一方面是因为中国国内问题通过国际媒体传入拉美，使拉美人有了先入为主的成见。一位拉美军官在与笔者访谈时提到："中国人认为自己去拉美，把拉美的落后城市建设成北京一样现代化，是一件大好事。但事实上，我们并不想自己的城市变成北京一样成日被雾霾笼罩。"

二、中国硬实力不够强大对软实力的影响

硬实力和软实力在一定条件下可以实现相互转化，软实力的发展必然要以一定的硬实力作为基础和后盾。一个国家的硬实力越强大，其软实力就能获得越大的发展空间。可以说，物质财富的增长是中国软实力，尤其是其文化、思想、发展模式受到关注的主要原因。[①]

改革开放以来，中国经济社会发展取得了巨大成就，已经成为世界经济和军事大国，但不是经济和军事强国。中国的经济、科技实力与美国、日本相比还存在一定差距。目前，虽然中国的 GDP 总量超过了日本，成为世界第二大经济体，但人均 GDP 还较低，2017 年仍处于世界第 71 位，而美国和日本则分别排名第 7 位和第 23 位。[②]

---

① 门洪华：《中国软实力评估报告（下）》，第 43 页。

② World Economic Outlook Database, International Monetary Fund, http：//www.imf.org/external/ns/cs.aspx? id=28，访问日期：2018 年 6 月 17 日。

世界银行的高收入国家水平标准是人均 GDP 在 1.2 万美元左右。按此来看，中国 2017 年 8836 美元的人均 GDP 距离高收入国家水平还有 40% 左右的距离。

日本除人均 GDP 远超中国外，科技实力也超过中国。中国取得的很多世界第一，是在技术含量低、附加值低的产品和产业中，并存在产能过剩的问题。如中国钢铁产量居世界第一，但由于日本在高端制造业领域实力雄厚，其在品质高端的钢铁市场里却是世界第一。日本的汽车、摩托车、数码通信、造船业、机床设备制造和申请的专利权数量都是世界第一，机器人的制造和使用、汽车产业等可与美国一较高下，甚至实力超过美国。

经济实力不仅是军事、科技发展的后盾，更是文化、教育、制度、价值观念等软实力建设的后盾。中国的软实力资源总体上落后于美国、日本等发达国家，其重要原因之一在于经济实力还没有超越发达国家。所以，发展经济、提升国家硬实力是开发软实力资源、提升国家软实力的必由之路。

多年来，中国经济的发展主要通过高投入、高消耗、多出口，依靠廉价的劳动力成本和消耗大量的能源；依靠大面积的基础设施建设和快速的城镇化建设；依靠房地产、汽车、家电市场促进消费；依靠"大进大出"的低附加值商品出口和原材料进口；长期存在产品质量良莠不齐、产品附加值不高、科技含量偏低、环境污染严重、资源浪费严重、产业结构不合理等问题。

如今中国的经济发展已进入新常态，经济增长速度由高速发展转向中高速。中国经济需要从扩大经济规模向提高经济效益的方向转变。只有保证中国经济的持续、稳定、健康发展，中国才能崛起为更加强盛的大国，才能拥有足够的硬实力投射能力来为软实力的提升提供坚实的物质基础。

第三章　案例研究

在全球化浪潮下的今天，作为重要的跨国交往主体，企业及其携带的人员、产品和服务成为国家形象的重要载体。中拉之间距离遥远，来往费用高昂，因此对于普通拉美民众来说，中资企业成为其了解中国的最直接也是最主要的途径。这些中资企业与当地民众的接触过程中产生的良性体验和互动，可以为中国在拉美的软实力加分，反之则会给拉美民众带去负面的国家印象。孔子学院作为中国与拉美各国人文交流的综合平台，在汉语教学、文化展演和交流方面发挥着不可替代的重要作用。随着中拉双方越来越重视人文交流，有必要对拉美孔子学院的情况进行研究。此外，笔者因工作关系，与拉美军官有长时间的接触和交流，作为拉美精英阶层的高级军官，其对华观感和了解程度，可以从一个侧面反映出中国在拉美的软实力状况。因此，本书选取中资企业、孔子学院和拉美来华受训高级军官这三个特定群体，对中国在拉美的软实力进行考察。

第一节　中国企业与中国在拉美的软实力

随着中拉关系的迅速发展，双边贸易和投资节节攀升，中国投资拉美的领域不断扩大。中国企业在拉美取得了巨大发展，为当地带去了资金、税收和就业机会。一些中国企业表现良好，塑造了中国负责任大国的形象，然而有更多的企业遭遇这样那样的问题，为中国的国家形象和软实力施展带来了负面影响。

一、拉美社会对中国企业的反应

2014 年，中国外文局对外传播研究中心联合中国报道杂志社和华通明略（Millward Brown）调查公司共同在亚太地区开展了"中国企业海外形象调查"，并发布了《中国企业海外形象调查报告（2014 亚太版）》[①]。该报告显示，与主要发达国家的企业相比，中国企业在海外民众心目中的整体印象及评价仍然偏低。包括拉美国家墨西哥在内的亚太国家民众对世界前五大经济体的企业的打分显示，中国企业的平均得分为 2.93 分（满分为 5 分），远低于德国企业（3.83），日本企业（3.64）和美国企业（3.63），略低于 3.28 分的法国。[②] 此外，一些拉美国家在认可中国企业对当地的经济贡献的同时，也表达了对中国企业进入本国的担忧。调查报告显示，在墨西

[①] 此后几年还发布了 2015 "一带一路"版、2016 中东欧版、2017 东盟版。

[②] 王哲：《独家发布〈2014 中国企业海外形象调查报告〉》，《中国报道》2014 年第 10 期，第 19 页。

哥受访者中，16%的人认为中国企业进入本国将主要带来挑战和威胁，大大高于马来西亚（3%）、俄罗斯（4%）、韩国（8%）等其他受访国家。而且对于中国企业带来的挑战，受访的墨西哥民众65%以上认为中国企业可能会冲击当地企业的生存和发展，近50%认为中国企业可能会打破当地原有的产业链平衡，40%以上认为中国企业可能会破坏当地的生态环境。墨西哥民众在这三个方面的担忧均高于其他受访国家民众。①

　　此外，拉美社会各界对中国企业的态度也存在一定差异。从中央政府层面来看，多数拉美国家对于中国投资持鼓励和支持态度，很多国家，如委内瑞拉、厄瓜多尔、秘鲁等，都与中国展开了良好的合作。以秘鲁为例，2008年，中铝购得特罗莫克（Toromocho）铜矿项目的开采权时，时任秘鲁总统阿兰·加西亚（Alan Garcia）称："这是对我们国家最重要的投资支持之一。未来十年，中国是秘鲁发展的主要盟友。"2016年秘鲁大选换届后，新任总统选择中国作为第一个进行国事访问的国家，并多次表示希望加强中秘关系，进一步吸引中国投资。② 厄瓜多尔总统科雷亚在接受采访中指出："中国的资金对于厄瓜多尔的国内项目建设有很大的帮助"，认为中国对厄瓜多尔的发展做出了很多贡献，已经成为厄瓜多尔历史进程中的一部分。③

---

① 王哲：《独家发布〈2014中国企业海外形象调查报告〉》，第20页。
② 陈涛涛、顾凌骏、王诗傲，等：《中企投资秘鲁：能力建设与未来发展》，《国际经济合作》2017年第7期，第48页。
③ 潘寅茹：《专访厄瓜多尔总统科雷亚：中国对拉美援助并非"主导与被主导"关系》，《第一财经日报》2015年1月14日，第A4版。

民间社会对中国投资的反应比较复杂。虽然中国企业投资项目为当地带来了大量税收，创造了大量的就业机会，但是一些投资项目（尤其是自然资源开采项目）给当地居民原本的生产和生活造成了比较大的冲击，在环境破坏等问题的影响下，中国投资项目带来的经济效益并不一定能够得到当地居民的认可。环境保护、劳工待遇等问题常常成为当地民众反对中资项目的理由。

在拉美国家，地方政府由当地民众选举产生。一方面，民众的态度在相当程度上影响着地方政府的决策。如中国五矿集团牵头的秘鲁拉斯邦巴斯项目矿山所在地查瓦瓦科市市长奥迪龙·瓦纳哥（Odilón Huanaco，2011—2014 年期间任职）当选市长之前是农民社区组织的领袖，曾在反对拉斯邦巴斯项目的动员活动中发挥了重要的领导作用。[①] 他在农民社区的支持下当选为该市市长，自然成为当地农民利益的代言人。另一方面，地方政府与中央政府在投资利益分配和环保问题上的分歧也使部分中国投资项目遭遇了来自地方政府的负面态度。2013 年紫金矿业希望在秘鲁重启因社会暴力冲突而处于停滞状况的白河（Rio Blanco）铜矿项目，当地官员表示，项目是否得以重启并不单纯取决于企业意愿，必须保证当地环境不因矿业开发而遭到破坏，并强调当地社区参与的重要性。[②]

以五矿集团子公司金属矿业集团（简称 MMG）在秘鲁拉斯邦巴斯的矿业投资项目为例，可以看到大型资源开采项目在国家和地方

---

① 路易斯·梅伦德斯·格雷罗：《中国在秘鲁矿业投资：冲突、制度和地方发展问题》，《拉丁美洲研究》2018 年第 2 期，第 71—72 页。
② 陈涛涛、顾凌骏、王诗傲，等：《中企投资秘鲁：能力建设与未来发展》，第 49 页。

两个层面的不同态度和观感。笔者截取了 2014 年五矿集团接手拉斯邦巴斯项目以来秘鲁《商报》（El Comercio）[①] 所有与"MMG"相关的新闻报道，发现媒体报道主要围绕两个主题：MMG 公司对秘鲁宏观经济发展的贡献和 MMG 公司与当地社区产生的矛盾。媒体报道中对该项目为秘鲁宏观经济发展带来的贡献普遍持正面态度，多篇新闻中提到由于该项目的实施，秘鲁超越智利成为世界第一大铜矿生产国。但是围绕该项目挥之不去的是当地社区因环境污染、土地使用、就业增加等问题与 MMG 公司发生的冲突和矛盾，其中一些甚至造成了人员伤亡，政府多次宣布地区进入"紧急状态"。社区、当地政府和企业多次进行三方会谈，试图解决企业与社区的冲突，达成三方均可接受的有利于本地社会、环境和经济发展的协议。

二、中国企业在拉美引发的主要负面观感

中国企业在拉美引发较大负面观感主要是由于环保、社区、劳工等问题。中国在拉美的直接投资，从总体投资量来看，高度集中在能源和矿产领域。其中，石油开发主要集中在委内瑞拉、厄瓜多尔和阿根廷，矿业开采主要在厄瓜多尔和秘鲁。而这些领域恰恰是最容易对环境产生影响、引发民众担忧的部门。例如，中石油和中石化联合组建的安第斯公司在厄瓜多尔的石油开采项目，其生产施工区域位于世界环保的敏感地带亚马孙热带雨林腹地，油区有一半

[①]　网址为：https：//elcomercio.pe。

以上区域位于国家公园或各种保护区内。① 此外，很多资源开采项目和基础设施建设项目涉及原住民整体搬迁的问题，让当地居民离开赖以生存的土地和祖辈生活的故乡，势必引发很多矛盾。因而中国在拉美的投资项目常常遭到环保主义者和当地社区及土著群体的抵制，这些抵制和反对甚至最终导致一些项目流产。另外，一些中国企业对拉美劳工法律和制度了解不充分，引发了诸多劳资纠纷。2012 年"拉美晴雨表"的一份调查显示，57%的受访者认为本地区的中国企业存在劳工问题。②

2010 年，中铁建和铜陵有色集团联合收购了加拿大 Corriente Resources 矿业公司，准备联手在厄瓜多尔开发铜矿。然而，当他们着手在厄瓜多尔南部矿山进行露天开采时，该公司与该国政府所签署的协议却激起了土著居民的反对，该国最强势的土著组织厄瓜多尔土著民族联合会（CONAIE）在首都还组织了一次游行示威。2007年，中国厦门紫金铜冠公司完成了对英国蒙特瑞科公司的收购，包括秘鲁皮乌拉地区富含铜和钼的大型矿区，然而他们进驻不久便遇到了当地人的普遍抵制。当地人采取的暴力行动最终导致秘鲁武装部队介入，该项目也由此被无限期搁置了起来。中铁集团曾计划在厄瓜多尔乔内镇（Chone）修建一个大坝，但遭受到了当地人的强烈反对。巴西政府决定在贝罗蒙特（Belo Monte）修建一个世界第三大的大坝，也遭到了该国内外部分势力的反对，反对者认为该项目将

---

① 曹民权、赵聪实、李献勇：《南美环保与社区事务策略》，《油气田环境保护》2012 年第 2 期，第 63 页。

② "Americas Barometer," Latin American Public Opinion Project, 2012, www. LapopSurveys. org.

彻底摧毁当地的土著社区。在这个项目中，中国国家电网公司将是大坝发电机组及其他核心设备的供应商。[①] 此外，首钢经营的秘鲁马科纳矿、多米尼加的迈蒙山矿和阿根廷的谢拉格兰德矿等多个项目均遭到了"环保投诉"。[②] 2007年，中国在厄瓜多尔的石油项目遭到当地人的冲击，数百名当地民众砍倒树木、封锁道路、破坏油田的输油站以及部分生产设施，给中国企业造成巨大损失。[③] 而此次冲突的起因是中国公司未能雇用令社区满意的足够数量的当地员工。2011年，中国铁路工程公司项目中的委内瑞拉工人举行罢工，要求将更好更多的职位留给委内瑞拉工人而非中国工人。[④]

与西方公司相比，中国公司在拉美更容易遭遇当地社区的抵制。如何赢得当地社区的认可和支持，如何创造一个良好的"软环境"，成为了中国企业必须仔细思考和解决的问题。

三、中国企业在拉美引发民众负面观感的原因

（一）拉美环保意识深入人心

玛雅文明、阿兹特克文明和印加文明等拉美古印第安文明十分重视人与自然的和谐相处。印第安人尊崇自然生物的多样性和宇宙

---

① R. Evan Ellis：《中国企业在拉美的商业活动和挑战》，田志译，原文发表于《美洲季刊》（*Americas Quarterly*）2012年秋季版，译文载于财经网，http：//comments. caijing. com. cn/2013-07-22/113069870. html。

② 《外媒：中企抓紧布局拉美 常因环保问题遭到反对》，参考消息网，http：//finance. cankaoxiaoxi. com/2014/1222/605082. shtml，访问日期：2018年4月5日。

③ 徐惠菲：《中国与拉美能源合作的机遇和挑战》，《经济视角》2013年第11期，第86页。

④ Danela Luces，"Paralizaron construcción del tramo Tinaco-Anaco，"（《蒂纳科—阿纳科铁路施工瘫痪》）*El Tiempo*（23, Aug. , 2011），http：//ciberprotesta. over-blog. com/article-paralizaron-construccion-del-tramo-tinaco-anaco-82257033. html。

的平衡秩序，信奉自然才是生命富饶的沃土；他们秉持着在满足自身基本生存条件下有限开发利用自然的原则，将维护好自然家园看作人类最基本的生活职能。① 但是，随着西方殖民者的到来，印第安土著被压迫和奴役，拉美的自然环境遭到严重破坏。19 世纪末，拉美虽然摆脱了西班牙和葡萄牙殖民者的统治，但是又落入了美国等"新殖民主义者"之手，成为经济盘剥的对象。同时，拉美国家在发展本国工业的过程中因忽略环境保护，造成社会、生态问题丛生。面对恶劣自然环境的影响，拉美人民开始自我反思，一些国家开始推崇并学习被主流社会边缘化的印第安人对待自然的生态理念。"美好生活"理念是其中最具代表性的理念，其强调人类应生活在和谐与平衡之中，与地球母亲、宇宙及历史保持和谐，实现所有存在形式的平衡。总体来说，"美好生活"揭示了人类应意识到自身只是一个包括自然在内的群落的一部分，不应支配自然；它提供了一种有助于实现人类与社会环境和自然环境合理关系的蓝图。② 该理念在拉美一些国家，尤其是印第安人聚居的玻利维亚、厄瓜多尔两国具有较大影响，甚至被写入宪法。厄瓜多尔和玻利维亚两国再次重申"大地母亲"的权利，提出"人类—自然—社会"的和谐发展模式，限制人类对自然无节制的开发利用，秉持经济只是社会和民众服务

---

① 孟夏韵：《中华文明与拉美文明生态思想之对比研究》，《宁夏大学学报（人文社会科学版）》2017 年第 7 期，第 137 页。

② 靳呈伟：《拉美地区的生态意识与推广》，中国社会科学网，http：//www.cssn.cn/sf/bwsf_lllwz/201702/t20170209_3409161.shtml，访问日期：2018 年 2 月 13 日。

的工具，而非目的理念。①

随着生态意识的觉醒，拉美民众越来越重视环境保护，许多拉美民众认为比起经济发展，应该优先考虑环境保护。"拉美晴雨表"2015 年发布的《拉美和加勒比地区环境态度报告》通过对 23 个拉美国家的 35212 名居民进行问卷调查，分析拉美民众对于环境保护和经济增长的态度后发现：在 21 个拉美国家中，有超过半数的受调查者认为比起经济发展，应优先考虑保护环境；农村居民比城市居民更加支持保护环境，居住在一国贫穷地区的人比居住在富裕地区的人更有可能支持环境保护。② 而中国在拉美的能源和矿业投资地多位于贫困的农村地区，这些地区民众的日常生活与自然环境直接相关，对自然环境较高的依赖程度决定了他们对环境的保护意识也更强烈。

与世界许多地区相比，拉美民众对环保的重视程度更高。根据皮尤研究中心（Pew Research Center）2017 年发布的报告，74%的拉美的受访者认为全球气候变化是他们最担心的国际性问题（甚至超过对全球经济状况的担忧），该比例高于全世界其他任何地区。③ 此外，拉美民众更倾向于将环境问题归咎于人类活动。2007—2008 年，

---

① 孟夏韵：《中华文明与拉美文明生态思想之对比研究》，《宁夏大学学报（人文社会科学版）》2017 年第 4 期，第 138 页。

② "Americas Barometer Insights：2015," https：//www.vanderbilt.edu/lapop/insights/IO921en.pdf.

③ Jacob Poushter and Dorothy Manevich, "Globally, People Point to ISIS and Climate Change as Leading Security," http：//www.pewglobal.org/2017/08/01/globally-people-point-to-isis-and-climate-change-as-leading-security-threats/.

盖洛普民意调查（Gallup Poll）就全球变暖问题对 128 个国家的民众进行了调查，在将全球变暖问题归咎于人类活动比例最高的 20 国之中，有 13 个国家来自拉美地区。例如，阿根廷（81%）、厄瓜多尔（81%）、巴西（80%）、智利（75%）和秘鲁（72%）的受调查民众多认为全球变暖问题应归咎于人类活动。[①] 与拉美民众较高环保意识形成对比的是同样依赖自然资源开发和出口的非洲国家。在皮尤研究中心 2017 年的调查报告中，只有 58% 的非洲受访者认为全球气候变化是他们最担心的国际性问题。[②] 在 2007—2008 年关于全球变暖问题的盖洛普民意调查中，全球变暖问题意识最低的 20 个国家中有 16 个在非洲；在利比里亚和贝宁等非洲国家，只有不到四分之一的受访者表示他们知道全球变暖问题。[③]

在环保立法方面，拉美多国在宪法中提出了环保的概念。不同的法律法规对于环境监管和公众参与等各方面做出了广泛规定。例如，拉美国家拥有比较严格的环保政策和环保规定，秘鲁的排放标准比有"最环保国家"之称的芬兰还要苛刻。由于民众普遍对环保有较高期待，而国家环保法律的执行存在诸多不尽如人意的地方，因此很多拉美国家制定了法律执行的机制和框架，在法律执行过程中邀请当地社区和公民参与。在秘鲁，原有的《矿产和碳氢化合物

---

① "Awareness, Opinions about Global Warming Vary Worldwide," http://news.gallup.com/poll/117772/Awareness-Opinions-Global-Warming-Vary-Worldwide.aspx.

② Jacob Poushter and Dorothy Manevich, "Globally, People Point to ISIS and Climate Change as Leading Security," http://www.pewglobal.org/2017/08/01/globally-people-point-to-isis-and-climate-change-as-leading-security-threats/.

③ "Awareness, Opinions about Global Warming Vary Worldwide," http://news.gallup.com/poll/117772/Awareness-Opinions-Global-Warming-Vary-Worldwide.aspx.

法》就要求投资者上马项目时需要通过公听会与当地社区磋商。2010 年 5 月，秘鲁国会又通过了《原居民或当地人的事前会商权法》。根据该法，公司必须在公听会上介绍其采取的强制性环境影响评估，而当地群众可以提问及表示异议，公司对这些提问及异议必须予以考虑。到了 2012 年，秘鲁又实施《事先磋商法》，该法规定，公司在开发项目之前，必须同当地社区达成协议；该法还要求采取一切可能的措施保护土著群体的生存、尊严和发展等诸多权利，并提高其生活质量。[①] 可以说，拉美公众在环保方面参与正在变得越来越强，公民社会的影响力不容小觑。

在各方的共同努力下，拉美国家的环境状况得到了明显好转，环境绩效指数远高于中国等发展中国家。耶鲁大学环境法律与政策中心、哥伦比亚大学国际地球科学信息网络中心发布的 "2016 年环境绩效指数" （environmental performance index）[②] 对全球 180 个国家的环境可持续性和环境表现进行评估并做出排名，半数以上的拉美国家排名在 60 位以前，而中国仅排名第 109 位。

综上，环保是深深植根在拉美国家民众的基本价值观之中的。在很多拉美人看来，环保甚至优先于经济增长。中国企业投资拉美，必须使当地人民减少对环境的担忧，这样才能树立良好的企业形象，最终赢得民心。

---

① 《中资企业在秘鲁为何不敢乱污染》，腾讯网，http：//view.news.qq.com/original/intouchtoday/n2750.html，访问日期：2018 年 3 月 3 日。

② 2016 Environmental Performance Index （EPI），http：//sedac.ciesin.columbia.edu/data/collection/epi/sets/browse.

（二） 土著社群长期得不到发展

土著群体在拉美长时间来处于边缘化的地位。在拉美国家独立近 200 年之后，他们仍然缺少体面而稳定的工作以及教育和健康保障。与此同时，随着拉美民主改革的推进，民众被赋予了更多的政治权利，各种不同社会组织的动员能力大大增强。被赋予权力的贫民和土著人要求作为一个独立的参与角色而不仅仅作为一个象征性的收益群体参政，[①] 因而包括土著组织在内的各种社会组织开始在国家政治舞台发挥越来越大的影响力。

在土著人民看来，拥有地下资源的是他们而不是国家。他们在很多拉美国家掀起了呼吁殖民政府和民族政府就此前 500 年的资源掠夺给予其补偿的土著人运动。在欧美非政府组织的帮助下，土著人团体呼吁国际规范承认土著人控制其疆土的权利。[②] 可以说，土著社区和农民社区对资源开采项目的反对，本质上反映的是土著和农民利益与国家利益之间的矛盾。

一方面，拉美政府为推进国家经济发展大量引进外资、开发本国资源和能源，但是在土著人民看来，矿藏特许开发权和大型投资项目的出现和实施侵犯了其赖以生存的土地，破坏了他们这些原住民的生存环境和文化。因此，面对这些能源和资源开采项目，他们的回应方式是大规模的动员和反抗，采取了从法律诉讼、示威抗议到占领油气田、封锁道路甚至扣押人员等措施。在对话不奏效的情

---

① 戴维·R·马雷斯：《拉美的资源民族主义与能源安全：对全球原油攻击的意义》，《拉丁美洲研究》2011 年第 2 期，第 68—69 页。

② 同上，第 65 页。

况下，他们选择通过直接对抗等方式迫使公司结束项目；而当类似矛盾发生时，拉美各级政府对这些局面的应对能力不足，导致冲突升级，甚至演变为武力对抗。据非政府组织"拉美矿业冲突观察"统计，截至 2012 年 7 月，拉美因矿业资源开发而引发的社会冲突为 161 起，涉及当地 212 个社区，其中发生冲突较多的国家有秘鲁、阿根廷、智利、巴西、哥伦比亚和墨西哥等。[①] 在秘鲁的阿普里马克大区，随着矿业投资额激增，其社会冲突从 2012 年的 11 起上升到 2017 年的 26 起，成为秘鲁社会冲突最多的大区之一。[②]

另一方面，国家的发展并没有带动土著等贫困群体的发展。有学者指出：在拉美经济增长中，"财富是排他性的，收益再一次在公司和国家经济集团之间分配"。[③] 20 世纪 90 年代，随着新自由主义在拉美的推行，拉美国家纷纷开放原来由政府控制的能源等战略性部门，资源、能源开发产生的利益纷纷流向私人企业，贫民和土著人民遭受的损失比实施自由化改革之前还要严重。因此，很多土著贫民激烈反对跨国公司对国内资源的开采，认为这些项目是仅有利于跨国公司和国内精英的。

能源、矿产等自然资源的开采在带来巨大收益的同时，也成为了滋生腐败的温床。一方面，很多拉美国家法律体制不完善，监管

[①] 转引自孙洪波：《对拉美尤其政治风险的几点评估》，《国际石油经济》2012 年第 8 期，第 23 页。

[②] 路易斯·梅伦德斯·格雷罗：《中国在秘鲁矿业投资：冲突、制度和地方发展问题》，第 67 页。

[③] 艾丽莎·维娜·布拉沃：《拉美土地所有权的集中及处理当前问题的方法》，《城乡规划、土地征收与农民权利保障学术研讨会暨第二届世界宪政论坛论文集》，北京：北京大学宪法与行政法研究中心，2001 年，第 528 页。

机制不足，内部运作十分不透明。以秘鲁为例，2014 年秘鲁反贪检察院的一份报告指出，在 1841 位在任市长中，有 1699 位（92%）正因侵吞公款、挪用公款、职务侵占和合谋串通等问题接受调查。而在 25 个大区主席中，有 19 人正因类似罪行接受司法调查或遭到司法起诉，① 足见腐败问题之严重。另一方面，拉美地区能源和资源开发项目的所在地常位于贫穷落后的农村地区，这些地区地方政府的治理能力有限，常常无法有效利用这些资源开采带来的巨额收入，并将其合理用于地方发展和改善人民生活。高度的腐败和治理的低效造成当地民众无法从资源开发中真正获益，因而滋生了民众与政府之间的矛盾。而开发自然资源的公司作为"唯一的获益者"，也常遭到当地民众的仇视。

因此，如何帮助资源开发地周围的落后地区摆脱贫困状态，使当地社群拥有分享成果的希望，是想在拉美获得长期发展的中国企业需要仔细思考的问题。

（三）民众对投资项目的较高期待无法得到满足

在项目的初始阶段，为使项目在各国国内获得最大限度的支持，拉美各国政府及其他项目支持者会竭尽所能地通过各种渠道宣传该项目将为国家和人民带来的收益，包括对国家、地方及社区发展的推动作用、创造就业人数、税收收益等。然而，这些宣传使当地民众对项目产生了过高的期待。这些期待包括创造大量就业、相关基

---

① 转引自路易斯·梅伦德斯·格雷罗：《中国在秘鲁矿业投资：冲突、制度和地方发展问题》，第 71 页。

础设施建设以及水电的供应等有益于社区民众的措施的实行。实际上，有些针对社区的福利有可能根本不在企业职责范围内。与此同时，很多中国企业只注重与政府建立良好的关系，不注重也不善于与当地居民沟通，无法及时纠正社区民众对中国公司的过高期待。

例如，秘鲁伊卡省纳斯卡市马尔科纳区的居民认为，为当地定期提供水、电和卫生服务是首钢应尽的责任，当首钢没有按照其预期自觉提供这些服务时，引发了居民的不满与抗议。当地媒体在对此事件的报道中同样对首钢进行了指责，指出"矿山所在地马尔科纳圣胡安湾的居民想要获得水、电和卫生服务，还必须征求公司的同意才可以"。①但实际上，为当地提供此类服务并不在首钢与秘鲁政府签订的正式协议的责任范围内。

在阿根廷，中海油注资的泛美能源公司与供应商之间的关系长期处于紧张状态，除却其他一系列原因之外，还有一个重要因素就是当地社会普遍认为石油公司有责任在该地区创造就业机会。在反复爆发社会冲突之后，当地政府终于出台法案，要求石油公司优先签约本地供应商以创造更多就业，并为本地区劳动力提供培训。②阿根廷克里斯蒂娜政府曾经将成功引进中国制造业投资作为其政治成就之一，向社会进行大力宣传，但是随后被媒体曝出位于火地岛的

---

① Mialgros Salazar, "Social Responsibility Missing in Growing Trade Ties," Inter Press Service, February 3, 2010, http：//www. globalissues. org/news/2010/02/03/4412，访问日期：2018 年 4 月 1 日。

② Andrés López and Daniela Ramos, "Argentina y China：Nuevos Encadenamientos Mercantiles Globales con Empresas Chinas. Los Casos de Huawei, CNOOC y Sinopec,"（《阿根廷与中国：新的商业链》）Enrique Dussel Perters, eds., *La Inversión Extranjera Directa de China en América Latina：10 Estudios de Caso*（《中国对拉美直接投资：10 个案例研究》），México：UNAM, 2013, pp. 42-43.

工厂对增加当地就业贡献不够，而且组装配件产生的附加值太小，对当地的制造业发展贡献也十分有限。① 这引发了阿根廷国内舆论的指责和民众的不满。

在厄瓜多尔，每当出现新的项目，就意味着对社区的高额补偿，因此社区居民对企业产生了较高的补偿期望。虽然厄瓜多尔的"服务合同免责"条款规定公司履行服务合同时不需执行社区补偿，但是迫于社区压力，很多公司依然持续支付社区补偿。在这种情况下，不支付社区补偿的企业便成为社区集中谴责的对象。

政府本应是地区发展的主要责任者，但是在很多拉美国家，地方政府常常对地区事务表现出不作为的倾向，造成本地民众的生活无法得到切实改善。对投资项目的过高期待与现实情况之间的差距导致了民众较深的失望和不满，在这种情况下，如果企业无法承担起一定的社会责任来为当地创造福利，将很难平息民众对企业的愤怒。西方公司在履行社会责任方面的做法普遍比较成熟，而很多中国企业的社会责任意识还不够强，对于社会责任的内容、范围、履行方式等了解不足，因此比较容易与社区形成矛盾。例如，秘鲁马尔科斯矿区的居民认为企业应向其提供水、电和卫生服务，是因为在首钢接手马尔科纳矿区之前，其他矿业企业一直为当地居民提供类似的服务。而首钢初到拉美，没有如西方公司一样履行民众期待的社会责任，因此遭到谴责。

---

① "Un Cuento Chino: la 'Industria Nacional' de Tierra del Fuego bajo la Lupa de Lanata,"（《中国故事：拉纳塔放大镜下火地岛的"民族工业"》）*Clarín*（11, Jun 2012），https://www.clarin.com/espectaculos/industria-nacional-tierra-fuego-lanata_0_BJmbzQ7hDml.html.

（四） 中国企业缺乏对拉美劳工环境的了解

拉美国家劳工立法起步较早。一方面，20 世纪 30 年代以来，为实现"福利赶超"，拉美国家纷纷加强劳工立法进行就业保护。经过多年的发展，其逐步形成了体系完备、复杂而严格的劳工制度，对劳动时间、集体合同、劳动保护等多方面进行了非常详细的规定。在劳动执法上，大多数拉美国家设有专门的劳工法律法规执行机构，并成立了劳工检察院监督劳工法律法规的实施情况，对企业的违法行为进行行政处罚；此外，还没有专门的劳工法院负责对劳资纠纷进行调解和裁决。①

另一方面，拉美国家拥有悠久的工会运动历史，工会力量强大，对雇用行为的干预性较强。工会在企业经营、搬迁、裁员和撤资等过程中均能发挥重大影响。在历史上，工会在拉美各国政治、经济、社会生活中一直是一支活跃的力量。随着拉美民主化进程的推进，工会获得了完全的合法地位，其集会、罢工和集体谈判等权利均受到法律认可。例如，集体谈判制度是工会组织的重要权利之一，是调整劳资关系的一个重要手段。拉美多国建立了严密的集体谈判制度。秘鲁相关法律规定，矿业企业每年通过谈判为职工增加工资福利，如果难以通过谈判达成协议，最后由秘鲁劳工部仲裁决定增资水平。②

---

① 房连泉：《拉美劳动力资源现状与中拉合作前景分析》，《拉丁美洲研究》2013 年第 2 期，第 57 页。

② 董国辉：《中国与拉美经贸关系中的合作与冲突》，《拉丁美洲研究》2013 年第 3 期，第 47 页。

　　很多中国企业，尤其是早期进入拉美的中国企业，缺少对拉美劳工政策和工会组织的研究，更缺乏处理相关问题的经验，因而频频卷入劳资纠纷。例如，拉美多国法律明确规定了外企雇用本地人员的比例。但是中石油初入秘鲁之时，试图通过大量带入本国人员的方式运作秘鲁油田项目，[①] 既违反了当地规定也遭到了民众的反对。

　　首钢在秘鲁遭遇的劳资矛盾是中国企业在劳工问题方面典型的反面案例。作为中国最早的一批走出国门从事资源经营开发的大型国有企业，首钢在秘鲁经营的二十多年来一直面临工人罢工问题。首钢秘铁与工会和当地社区的诸多矛盾使其成为"在秘鲁遭受指责最多的外国公司之一"。[②] 辛西娅·桑伯恩（Cynthia Sanborn）和维多利亚·乔恩·景（Victoria Chonn Ching）甚至指出，在很多秘鲁人和国际媒体看来，首钢是"只为获得公司利益而罔顾国际准则的中国公司"这一消极刻板印象的典型代表。[③] 事实上，当年秘鲁得知一家中国公司即将接管秘铁的消息后，历来被视作左翼力量且对社会主义一贯抱有特殊认同感的工会，其实内心是充满了乐观期待的，[④] 但是后续的发展却是劳资矛盾的不断升级。在梳理了首钢秘铁劳资关系恶化的相关事件后，我们发现其重要导火索主要包括以下几个方面：

　　① 陈涛涛、顾凌骏、王诗傲、徐润：《中企投资秘鲁：能力建设与未来发展》，第 51 页。

　　② Cynthia Sanborn and Victoria Chonn Ching, "Making Way for Mines: Chinese Investment in Peru," *ReVista: Harvard Review of Latin America*, Vol. 13, No. 2 (2014), p. 32.

　　③ Ibid.

　　④ 转引自郭洁：《首钢秘鲁铁矿项目的历史与变迁》，《国际政治研究》2015 年第 1 期，第 62 页。

首先，首钢接手秘铁之前，由于秘铁实施了大规模裁员，劳资关系已经日趋紧张。首钢对秘铁劳资关系的紧张程度及其可能造成的影响并未做出充分的预判和应对方案，加之对秘鲁劳工环境的不甚了解，其在接管秘铁后向秘鲁派出了大量中方管理人员和基层工人，因而催生出新的矛盾。例如，为解决中方员工居住问题，首钢从那些虽已被裁员但仍未搬迁的秘鲁工人手中收回了住房，结果引发了激烈的对抗，[①] 同时还引发了外界对首钢大量辞退秘鲁员工，以中方员工取而代之的不实传闻。

其次，首钢在与工会接触过程中做出了很多不当决策。例如，1993 年首钢管理层专门组织秘铁两个工会的领导及其员工代表到北京首钢总部进行参观和培训，本意在于促进相互交流，使秘方人员更加适应首钢的管理。然而事与愿违，此次参观促使工会提出了更高的薪酬诉求，要求秘鲁员工享受同首钢总公司员工相同的福利待遇。另一个例子是首钢与工会谈判中表现出经验的欠缺。其一开始"有求必应"：1993—1995 年，首钢秘铁连续三年几乎完全接受了工会提出的增加工资和福利待遇的要求。1993 年首钢与秘鲁工会签订的集体协议，使员工工资累积增长了 300% 以上，人工费在运营成本中的比例占到了 34.5%，成为企业沉重的包袱。[②] 在首钢感到无法继续满足工会并拒绝其要求后，面对工会组织的罢工，首钢采取了强硬措施，解雇了矿工工会总书记以示惩罚。该举在秘鲁造成了十分

---

① 转引自郭洁：《首钢秘鲁铁矿项目的历史与变迁》，《国际政治研究》2015 年第 1 期，第62 页。

② 车宏卿：《首钢收购秘鲁铁矿的启示》，《中外管理导报》1996 年第 4 期，第 54 页。

消极的影响，多数秘鲁人表示无法理解也难以原谅。因为在秘鲁，集体谈判、举行罢工等均为劳工受秘鲁宪法保护的正当权利。

最后，劳资矛盾的另一个重要导火索是首钢未能切实履行合同规定的投资承诺。1992 年首钢在股权买卖合同中做出了"接手秘铁后三年内再投资 1.5 亿美元用于企业发展"的承诺。[1] 然而，由于资金匮乏，首钢未能切实履约，最后以支付罚款告终。在工会看来，由于首钢未能履行承诺，造成工厂设备老旧，生产事故频发，给工人带来了严重安全隐患。而根据阿莫斯·欧文（Amos Irwin）和凯文·加拉格尔（Kevin Gallagher）的研究，首钢严重事故的发生率确实高于同行业公司。[2] 该事件在秘鲁给不少人留下了首钢秘铁宁可交付巨额罚款也不愿为企业投资的印象，[3] 也进一步激化了劳资矛盾。首钢秘铁与秘鲁员工之间的关系从此陷入了恶性循环。

所有投资秘鲁的企业都面临着相似的劳工环境，首钢的工会组织与其他矿业公司的工会组织并不存在特殊的差异。为何唯独首钢秘铁在秘鲁呈现出如此不佳的劳资关系，而且劳资纠纷持续多年无法得以解决？这与首钢对拉美劳工制度的不了解和不熟悉、在劳资关系处理上的经验不足和能力欠缺是分不开的。据秘鲁劳工部冲突调节部门反映，首钢在多年的劳工冲突中没有采取过主动的磋商姿态，对待工会的态度一直比较强硬和消极，因而首钢的劳资纠纷成

---

[1] "El Contrato de Compra y Venta de Acciones y Compromiso de Aportes al Capital de Hierro Perú," 1 de diciembre de 1992, p. 14.

[2] Amos Irwin and Kevin P. Gallagher, "Chinese Investment in Peru: A Comparative Analysis," http://www.ase.tufts.edu/gdae/Pubs/rp/DP34IrwinGallagherDec12.pdf, p. 11.

[3] 郭洁：《首钢秘鲁铁矿项目的历史与变迁》，第 65 页。

为秘鲁劳工部"最令人头疼的劳资纠纷案之一"。在拉美,公司和工会之间往复的磋商谈判是一项正常事件,如果企业无法适应这样的谈判机制并制定良好的策略应对工会,很难在拉美顺利开展其业务。多年来,首钢花费了大量精力和财力承担企业的社会责任,但是劳资纠纷问题令其难以改变自身在秘鲁社会留下的负面印象。

(五)中拉文化差异

埃文·埃利斯认为:中国企业在拉丁美洲遇到的阻力,并不是因为中国企业比其他外资公司更"不尊重法律、劳工准则和环境",而是因为其他一系列因素:比如文化差异。[①] 拉美在工作态度、团结协作、劳动分工以及休闲度假等方面与东方文化有较大差异,文化上的个性化特征渗入企业的经营管理过程,必然导致一些冲突和矛盾发生。

从企业文化来讲,中国的企业文化注重整体和等级,强调员工的服从,追求整体意见的一致性,认为个人利益应服从集体利益;而拉美的企业文化则注重个人和平等,强调员工的自主性和独立性,鼓励观点多元化。中国的企业文化重情轻法,其建立在以"家本位"的社会伦理秩序基础上,深受传统文化的中庸观念和君臣父子观念的影响。人与人之间、员工与企业之间很大程度上靠道德、情义、个人信赖等维系;[②] 而拉美的企业文化则更加重法轻情,强调制度和

---

① Evan Ellis, *China on the Ground in Latin America: Challenges for the Chinese and Impacts on the Region*, p. 129.

② 张贯之、张蕊瑜:《浅谈"拉美式"历史文化与拉美企业文化》,《拉丁美洲研究》2012年第5期,第63页。

规范的作用，注重以法律、契约、合同等方式来管理企业，而非人与人之间的感情或伦理道德。首钢曾签署了投资 1.5 亿美元用于改进工厂设备的合同，但是迟迟未能兑现承诺，于是在秘鲁工人眼中，首钢成为"言而无信""没有契约精神"的企业。

　　此类文化差异在首钢的劳资纠纷问题中充分得以体现。阿莫斯·欧文和凯文·加拉格尔曾将首钢秘铁与在秘鲁投资的其他同类公司数据进行对比研究后发现，首钢在劳工权益等问题上的表现处于中等水平，与其他公司相比并不存在足以造成如此重大社会影响的巨大差距。[1] 在劳资纠纷产生的过程中，文化差异有着不可忽视的影响。例如，在注重个体权利和平等自由的秘鲁工人看来，争取自身权益的行为是无可厚非也是应该受到保护的；但是在强调服从和集体利益的传统中国企业的领导人看来，工会的罢工与反抗是无法容忍的。在秘鲁，工会组织年度集体谈判、为维权而组织罢工是被法律和制度所允许的，遵循法律和制度办事是再自然不过的事，但是在中方管理人员看来，首钢在效益好的时候曾经多次主动为秘鲁工人增加工资，但是当企业陷入经营困境时，秘鲁工人却依然年年提条件要求涨工资，是"不懂得感恩""不懂得和企业共渡难关"的表现。[2] 这显示出中秘双方对"人情"和"制度"重视程度上的差异。1993 年首钢管理层邀请秘铁工会领导人及员工代表参观北京总

---

　　① Amos Irwin and Kevin P. Gallagher, "Chinese Investment in Peru: A Comparative Analysis," see http://www.ase.tufts.edu/gdae/Pubs/rp/DP34IrwinGallagherDec12.pdf.
　　② 黄嘉徵：《首钢：秘鲁的血色黄昏》，《环球企业家》2004 年第 102 期。

部，希望"在劳动者亦是企业的主人这一点上统一认识"。① 这是典型的中国式思维，这一做法最终没能达成预期效果，反而引发了后续一系列矛盾和问题。更严重的是，首钢在与秘铁工会几轮互动过后，得出结论认为"作为资方对待工人不能太心软"，对工会采取了"开除工会主席"这样的"极端"做法，引起了秘方的强力反应。秘鲁劳工部冲突调解部门在调解首钢劳资纠纷问题时一直对首钢强硬、消极的态度表示费解，表示非常渴望进一步了解中国公司的文化和行为方式。

除此之外，还有很多在中国司空见惯的管理方式在拉美遭遇了瓶颈。例如，在很多中国公司，加班、调休等做法是习以为常的；但是在拉美员工看来，强行要求员工牺牲个人时间为公司加班是对员工权利的侵犯。曾有巴西员工在接受媒体采访时说："我们都用黑莓（手机品牌）连在一起，每天 24 小时，每周 7 天。可中国老板想让大家百分之百的时间人在办公室。这肯定不是巴西的做事方式。晚餐、中饭、喝一杯的时候，你总不能把雇员锁在办公室，指望这样来进军巴西。"② 华为自成立以来一直倡导"床垫文化"，鼓励员工艰苦奋斗，以公司为家。但是华为进驻拉美以后，其"床垫文化"遭到了本地员工的反对，认为中国员工的做法混淆了办公和休息场所，且不利于办公环境的整洁，进而造成了对中方员工缺乏公共道德的误解。相比拉美公司，中国公司的等级观念更重。一些中国公

---

① 郭洁：《首钢秘鲁铁矿项目的历史与变迁》，第 61 页。
② 穆弈：《美媒：文化冲突会阻碍中国进军巴西》，《环球时报》2011 年 6 月 1 日。

司老板当着其他员工的面公然训斥拉美本地的项目经理，引发了本地员工的反感。此外，在巴西，诸如员工与企业"同呼吸、共命运"、增强主人翁意识、不断丰富自身综合素质、力争"一专多能"，为自身创造更多价值等在中国国内习以为常的价值观，不仅没能得到巴西员工的认可，甚至诱发了劳资矛盾。① 由于无法适应中国公司的管理方式，很多拉美管理人员选择离职。一项针对为中国、北美和欧洲公司工作的 500 名巴西管理人员的调查发现，为中国公司工作的巴西管理者中 42% 的人在一年内离职，人员流动率比其他国家的公司高出 68%。②

派驻拉美的中国员工，尤其是技术人员，大多外语能力较弱，对对象国文化习俗了解较少，缺少在拉美实际生活和工作的经验。出于语言障碍和人际交往舒适度的考虑，中国员工习惯将自己封闭在熟悉的中方小圈子里。中外双方之间的交流不足容易使文化差异带来的摩擦和误解扩大化，对对象国文化的不了解又极大地阻碍了中方管理人员预见和缓解矛盾冲突的能力。例如，在委内瑞拉的海尔工厂，中国员工和委内瑞拉员工关系不佳的原因之一就是中方工程师和技术人员无法用西语交流；在牙买加，本地员工无法与中方员工进行有效沟通，是威斯特摩兰（Westmoreland）大桥项目遭遇的困难之一；在阿根廷的希拉格兰德（Sierra Grande）矿区，媒体采访当地社区时，有社区成员指出中国员工的问题之一就是总和自己人

---

① 夏晓娟：《中国与巴西双边关系发展中的掣肘因素》，《洛阳师范学院学报》2016 年第 1 期，第 35 页。
② 穆弈：《美媒：文化冲突会阻碍中国进军巴西》。

在一起，但是与当地员工交往太少。① 一些中国企业在拉美面临着原住民搬迁问题，但是不少中国公司高管以为，只要与政府有关部门达成协议，当地政府就能够迫使居民服从政府决定进行搬迁，因而完全忽视了和当地社区的沟通交流，导致当地居民对中国企业产生不信任感，甚至引发抵制和抗议活动。以上这些冲突和矛盾大多都是文化上的错误理解所导致的。

四、改善中国企业在拉美形象的对策

（一）实施投资多元化战略

目前，中资企业在拉美的投资产业仍然集中在石油、矿产资源开发等对于环境具有高度冲击的领域。拉美民众较高的环保意识和严格的环保制度决定了投资传统能源和资源领域的中资企业在环保方面不可避免地遭遇各种挑战。

能源资源产业因其社会影响广泛的特性而有着较高的媒体曝光度。例如，因中石油和中石化在厄瓜多尔的石油开采项目井区靠近亚马逊雨林的国家公园，西方媒体派常驻记者在附近采访，紧盯中国企业的一举一动。只要其在环保或社区关系处理上稍有不慎，就会被这些媒体大肆报道，对中国企业的形象造成负面影响。秘鲁《经营报》（Gestión）曾指出，中国在秘鲁的投资主要集中在环境成本高、伐林代价大、温室气体排放高以及用水量高的领域，因此拉

---

① 转引自 Evan Ellis, *China on the Ground in Latin America : Challenges for the Chinese and Impacts on the Region*, pp. 163-164。

美各国在引进来自中国的投资时应更加冷静谨慎。[①]

与此形成鲜明对比的是，拉美国家媒体对中国高科技产品比较友好，兴趣浓厚。拉美媒体在对中国经济发展的报道中，有近一半的内容是关于中国的电子商务、智能手机、数码产品等高科技产品本身或其营销手段的报道。[②] 在秘鲁，对于华为等企业，媒体报道中更多的是对其新产品、新业务的宣传，及市场份额上升的正面报道。[③] 秘鲁驻华大使胡安·卡洛斯·卡普纳伊曾指出：秘鲁和中国开展合作更多的是需要中国企业对秘鲁进行技术方面的投资。清华大学拉美研究中心执行主任陈涛涛也认为：拉美国家非常羡慕中国的科学技术发展，希望中国利用科技带动拉美发展。[④] 由此可见，减少容易遭受环保质疑、引发与当地居民矛盾的资源寻求型投资的比重，增加拉美民众好感度更高的高科技等领域的投资是改善中国企业在拉美形象的有效手段之一。

此外，拉美国家对于新能源的投资需求不断增加，为中拉之间新能源合作创造了巨大空间。出于环境保护和能源独立的需求，墨西哥、巴西、智利、哥伦比亚等拉美国家已开始实施能源产业改革，积极鼓励新能源开发。例如，智利政府计划到 2024 年，

---

① 转引自陈涛涛、顾凌骏、王诗傲、徐润：《中企投资秘鲁：能力建设与未来发展》，第 48 页。

② 黄人杰：《中资企业投资拉美的挑战与战略构想》，《中国软科学增刊（上）》2015 年，第 204 页。

③ 陈涛涛、顾凌骏、王诗傲、徐润：《中企投资秘鲁：能力建设与未来发展》，第 49 页。

④ 梁宙：《从单一化到多元化 中国企业迎来投资拉美最好时机》，界面新闻，http://www.jiemian.com/article/1741726.html，访问日期：2018 年 3 月 10 日。

全国 10% 的供电要来自于非传统可再生能源，包括风能、太阳能和生物能等。① 近年来，中国的风能发电设备企业"金风科技"以及太阳能独立电力运营商"天华阳光"等凭借自身新能源技术逐渐进入拉美市场，赢得了良好的口碑。因此，由传统能源领域投资向新能源领域投资拓展，是既符合拉美发展需求、又有利于构建中国良好形象的双赢格局。

（二）高标准严要求完成环保任务

一方面，拉美民众有着强烈的环保意识，但是由于其环保立法不完善和政府治理能力不足等问题，一些拉美国家的环保实践并不能令拉美民众满意，因而催生了强大的地方反对力量。在这种情况下，从事能源资源开采的中资企业很容易成为拉美政府环保治理不力的替罪羊，成为拉美民众愤怒与不满情绪的宣泄对象。对此，中国企业应采取严格的环保措施，甚至可以采用高于拉美国家环保标准的环保措施，以争取掌握主动，展示中国企业的良好形象。

另一方面，欧美国家早年在拉美的资源开采活动给拉美国家的生态环境造成了巨大的破坏，成为拉美民众心中永久的痛点。作为后来者的中国企业自然会成为拉美民众严格审视的对象。中资企业进入拉美的方式之一是收购早先在拉美地区运营不善的他国企业。面对他国公司在拉美留下的历史性污染等"烂摊子"，中资企业的环保任务艰巨，但同时也可以将其转化为扭转拉美民众对中企看法的

---

① 陈涛涛：《智利：中国企业投资的环境和机会》，《国际经济合作》2013 年第 9 期，第 40 页。

契机。以中铝公司在秘鲁的特罗莫乔（Toromocho）铜矿项目为例，在中铝到来之前，西方企业早已在那里开采了上百年，严重污染了当地的湖泊。中铝在未开始运营前，先期投入了5000多万美元，用两年的时间建成了一座现代化的污水处理厂，解决了困扰当地居民70多年的水源不洁问题。[①] 正是这种想在前面、做在前面的环保措施，令中铝在拉美当地获得了良好的声誉。

(三) 积极履行社会责任

当今世界，外资企业履行社会责任，为当地提供力所能及的帮助已经成为跨国公司和国际社会的共识。对于一些长期受劳工问题、环境问题和社区问题困扰而形象受损的企业来说，积极履行社会责任是其重塑自身形象的良好机遇，也是赢得良好外部环境的关键性问题。

首先，企业应积极树立社会责任意识。企业应认识到自身不仅是"赚钱机器"，更是承担社会功能的细胞体，是负有社会责任的"企业公民"。其次，在履行社会责任时，企业需要积极规划、主动设计，而不是简单地被动应对。再次，企业应把履行社会责任纳入其发展战略规划，以更加宽广的视野和长远的考量来设计社会责任的履行。最后，要建立完善的社会责任制度，从体制层面保障社会责任的顺利履行。此外，可以适时发布企业社会责任报告，包括雇用本地人员情况、环保执行情况和进行的社会投入等，使民众了解

---

① 《中资企业在秘鲁为何不敢乱污染》，腾讯网，http://view.news.qq.com/original/intouchtoday/n2750.html，访问日期：2018年3月3日。

中国企业为当地社会发展所做的贡献。

很多中资企业在拉美从事自然资源开采项目，而对于高度依赖能源矿产开发的拉美国家来说，资源开采的不可持续性是其政府和民众普遍担忧的问题。因此，资源开采企业除了在纳税、就业等方面为投资东道国做出贡献外，还需积极培养当地人才、提升当地技术水平。更重要的是，如果中企可以投资采掘业以外的其他经济领域，实现当地经济多元化，使得资源开发繁荣期过去以后当地经济依然可以持续发展，那么资源寻求型投资项目在当地遭受的阻力将大大减小。此外，除日常的教育、医疗投资外，重大事件中企业社会责任的履行对建立其良好形象有着突出的作用。例如，2016 年厄瓜多尔遭遇大地震时，在厄中资企业第一时间调集挖掘机、装卸车、吊车等装备支援救援，迅速安排抢修通信线路，组织员工参加义务献血，向灾区提供急需的医疗设备、药品和储备物资，[①] 这些举动在厄赢得了良好反响。

（四）推进企业本土化和国际化

对本地市场情况、法律法规、文化习俗、社会发展、通行做法等缺乏了解，是中国企业在拉美频频遭遇困境的主要原因之一。如何准确了解对象国情况，与当地实现精准对接，是中国企业必须解决的问题。为此，首先应实现人才本土化，这是世界跨国公司经营管理中的重要举措和通行做法。本地人员在与供应商、分包商、监

---

① 平安：《厄瓜多尔抗震，尽显中国情义》，《人民日报（海外版）》2016 年 4 月 22 日，第 1 版。

管机构、社区人员等沟通交流时更具优势，而吸纳更多的当地员工
就业也是企业承担社会责任的表现，有利于赢得当地社区支持。其
次，应积极利用跨国团队的丰富经验。欧美企业进入拉美时间早，
对本地环境更加熟悉，且国际化管理经验丰富。中国公司通过并购
欧美企业进入拉美以后，要利用好原欧美企业的国际化团队，或进
一步招聘国际化团队，这样可以在协调各方关系时收到事半功倍的
效果。最后，可与拉美本土企业开展良好合作。拉美本土企业在社
区、劳工、环保等重要环节上的处理能力远优于中国企业，与本土
企业加强合作可以实现优势互补，有利于企业的本土化。

很多中国公司在企业本土化过程中已经做出了很多良好的尝试，
收到了不错的效果。例如，中国五矿集团公司进入秘鲁后充分利用
了前期收购的澳大利亚矿业公司 OZ 矿业的运营管理经验。在与秘鲁
当地封闭的原始部落进行沟通的过程中，原 OZ 矿业的国际化团队展
现了出色的沟通能力，使部落居民的搬迁问题得以有效解决。[①] 中铝
在秘鲁分公司的首位负责人是拥有丰富国际运营经验的外国高管，
即使后来负责人换为中国人，其团队中大部分管理人员和工人依然
为秘鲁人，并且继续聘请原秘鲁铜矿的社区关系顾问。正是在该团
队的通力合作下，中铝成功完成了特罗莫克的社区整体搬迁。天华
阳光公司在 2013 年将一位在中国有着 5 年工作经验的智利人派往智
利负责拉美业务，使得企业的运营团队充分实现了本土化。[②] 2015 年

---

① 陈涛涛、顾凌骏、王诗傲、徐润：《中企投资秘鲁：能力建设与未来发展》，第 51—52 页。
② 陈涛涛：《智利：中国企业投资的环境和机会》，第 40—41 页。

中国港湾工程有限责任公司与哥伦比亚4家本地企业组成联合体，共同中标了一项PPP（政府和社会资本合作）重大项目。在中标后的管理工作中，中国港湾组建了专门的项目公司，其管理层和主要员工实行国际招聘或属地化招聘，从而保证了项目的顺利实施。这种发展模式也赢得了当地政府的信任与欢迎。①

（五）鼓励民营企业投资拉美

近年来，随着中资企业海外投资能力的增长，已有部分投资开始流向其他行业和领域，包括电信、基建、制造、新能源等。而在这些领域投资的多是一些民营企业，例如，在电信业，有华为等；在计算机行业，有联想集团；在新能源行业，有金风科技、天华阳光；在汽车工业方面，有比亚迪、奇瑞、吉利、长城、哈飞、夏利等。②

民营企业在海外投资中拥有国企所不具有的优势：一方面，民营企业投资的领域更加多元化，是对专注于资源领域投资的国企的有效补充，有利于减少资源寻求型投资的比重。另一方面，海外对民营资本接受度较国企更高，民营企业受到的制度限制和政治怀疑的阻力更小。

由于国有企业的国家背景，容易被拉美国家认为是非市场行为及"国家意识"的体现。再加上中国国企主要投资能源等战略性领

---

① 陈涛涛、顾凌骏、金莹、张冉：《哥伦比亚投资环境与中国企业投资策略》，《国际经济合作》2017年第1期，第48页。

② 黄人杰：《中资企业投资拉美的挑战与战略构想》，《中国软科学增刊（上）》2015年，第204页。

域，容易让人怀疑"企业背后的战略目的"，甚至产生"新殖民主义"的怀疑。另外，厄瓜多尔和委内瑞拉等国由于自身较高的投资风险成为欧美投资者避之唯恐不及的投资地，但中国由于自身较高的能源资源需求而大量投资这些所谓的高风险国家；中国的一些国有公司在竞标中为获得项目，有时以高出对手多倍的"不符合商业规律"的价格竞拍。[①] 这些更加剧了国外对我国有企业的怀疑和担忧，认为中国在拉美的投资是"中国政府出于长期性战略考虑"[②]，"在本质上与欧美国家不同，带有明显的地缘政治目的和意识形态色彩"。[③] 与国有企业不同的是，为在激烈的国际竞争中生存和发展，民营企业的行为更符合市场规律。因此，引导和鼓励中资民营企业投资拉美，有利于消除拉美国家对中国投资政治目的的怀疑。

（六）中国政府和民间机构应积极发挥自身作用

很多中国企业在走出去之前，并没有对投资东道国的投资环境、法律制度等情况做详细的了解，也没有做好充分的应对方案，导致在拉美遭遇一系列问题。对此，政府首先应发挥宏观指导作用，在政治风险预警、突发事件应对、社会责任引导、品牌服务推广等方面为企业提供帮助和支持，为企业了解和适应海外环境提供必要的

---

① Andrés López and Daniela Ramos, "Argentina y China: Nuevos Encadenamientos Mercantiles Globales con Empresas Chinas. Los Casos de Huawei, CNOOC y Sinopec," (《阿根廷和中国：与中国公司的新全球商业链。以华为，中海油，中石化为例》) Enrique Dussel Perters, eds., *La Inversión Extranjera Directa de China en América Latina: 10 Estudios de Caso* (《中国对拉美直接投资：10 个案例研究》), México: UNAM, 2013, pp. 36, 56.

② 同上。

③ 林越:《中国企业在拉美投资的风险偏好与展望》,《环球财经》2016 年第 2 期，第 154—159 页。

信息和咨询。而目前相关信息平台分散在不同部门，缺乏系统性和全面性，有的信息在时效性和针对性方面达不到企业要求，不能为企业提供完整、准确、及时的信息。因此，有必要建立一个系统、全面、便捷的信息平台，为企业海外发展提供便利。

其次，政府要发挥监督管理作用。要建立健全相关法律法规，建立相关社会责任和道德监管制度，对企业海外活动进行规范。一方面要加强对"走出去"的企业的资质审查，将那些资质不全、能力不足、风险意识不强、责任观念淡薄的企业排除在"走出去"名单之外；另一方面要将一些经营不善、在东道国引发较大负面影响的企业进行"召回"，取消其海外运营资格。此外，可通过软性的评奖、排名等形式，塑造关注企业海外社会责任的良性竞争和舆论监督氛围，引导企业提升海外活动的道德水平。

最后，各民间机构，如行业协会、商会、华侨组织、学术机构和公关公司等在支持中国企业海外投资中发挥着重要作用。各机构应积极利用自身优势和资源，为企业提供决策咨询、建议方案和人员培训，提高企业对相关信息的了解，做出科学决策，提升相关人员素质和对外交往能力。

（七）重视拉美非政府组织的影响力

随着 20 世纪 80 年代拉美民主化进程的推进，其公民社会得到了快速成长。对公民参与政治决策进程的鼓励，令大众的主体意识和参政意识不断增强。作为公民社会组成单位和利益代言人的各类非政府组织获得了蓬勃的发展，影响力不断攀升，形成了"公民社会制衡国家"的现实状况。土著人组织、社区组织、工会组织、环保组织等非政府组织借助保护弱势群体利益、捍卫生态平衡等口号，以巨大的动员能力组织民众与政府或企业展开博弈。他们通过示威游行及其他反抗活动迫使企业做出让步，阻挠甚至推翻政府决策。

在拉美，如果没有民众的支持，企业的开发项目将面临重重阻碍，甚至最终流产。中国企业广泛参与对环境和社区影响较大的自然资源开发项目，且开发地多位于土著人聚居地，因而常常与非政府组织产生矛盾冲突。鉴于非政府组织强大的社会动员能力和政治影响力，中国企业必须加强对其了解和研究，制定相关应对策略。

（八）优化对外传播策略

中国企业在对外沟通方面的被动和方式上的局限无法有效传播中国企业自己的声音，容易加重东道国公众对其的误解和不信任。很多企业往往为当地做出了很多贡献，却无法被民众看到。

为此，企业首先要优化传播方式。中国企业，尤其是国有企业，在对外传播过程中，往往喜欢强调企业对对象国整体经济增长的贡献，但是缺少让当地社区和居民可感知的实际利益的宣传；注重宏观叙事，却忽视普通民众的感知度和亲近性，尤其不善于从公众视角出发的细节描述和情感表达。因此，中国企业的对外宣传往往显得高高在上、枯燥、空洞，无法用鲜活生动的事例打动普通民众。

其次，要优化传播主体。中国传统的传播方式都由企业自己来宣传。但是，从传播效果来看，由第三方来诉说的事实，其公信力要远高于自我宣传。除了与当地媒体和公关机构展开合作以外，中国企业可积极利用拉美民众对第三方国际组织信任度较高的特点，通过《采掘业透明度倡议》（Extractive Industries Transparency Initiative）、"酬金公布"（Publish What You Pay）等国际平台，广泛公开本公司缴纳的税收和支付的各种款项，使公众知晓公司做出的贡献，提高企业信息透明度和公信力。

最后，要优化传播媒介。一方面，根据《中国企业海外形象调查报告（2014 亚太版）》，互联网已成为海外民众了解中国企业的第一大渠道，而且海外民众认为本国媒体对中国企业的报道较为中肯。例如，墨西哥有 60% 以上的民众通过互联网了解中国企业，32% 的民众认为本国媒体对中国企业的报道比较正面，37% 的民众认为正面报道和负面报道基本持平。[1] 因此，在做好传统媒介宣传的同时，要着重利用好互联网的传播作用，精心设计企业网站和网络宣传片，打造数字化传媒产品。此外，基于海外民众对本国媒体的信任度，通过与驻在国媒体的合作，借助当地媒体发声。另一方面，新媒体的海量信息与高效的宣传功能对于企业提升对外公信力与社会影响力有着独特的优势。随着微信、WhatsApp、脸谱网等新媒体的发展，搭建新媒体平台成为企业对外宣传的重要途径之一。据统计，微信已成为阿根廷、巴西、墨西哥等国家苹果应用商店和安卓应用市场上下载量最高的社交类应用程序。[2] 随着微信国际化市场的开拓，中

---

① 王哲：《独家发布〈2014 中国企业海外形象调查报告〉》，《中国报道》2014 年第 10 期，第 19 页。

② 罗中书：《微信的国际化及其对传媒"走出去"的启示》，《对外传播》2014 年第 1 期，第 52—53 页。

国企业的对外传播途径变得更加便捷。

（九）注重打造企业品牌

西蒙·安霍尔特（Simon Anholt）和彼得·范·汉姆（Peter Van Ham）等"国家品牌理论"倡导者认为，一国的产品、服务品牌和企业品牌等商业领域的知名度很大程度上决定了一国的国际吸引力。[①] 人民对企业和产品品牌的忠诚和美誉往往会不自觉地转化为对一个国家的认同。好的品牌可以提高一个国家的国际威望，世界知名品牌往往成为国家品牌的第一联想，是国家品牌的重要资产。2007 年 3 月，美国《时代》周刊公布了一份全球民意调查。该调查显示，日本和加拿大并列成为"全球最受尊敬的国家"第一位。参与调查的不少欧洲人认为日本企业重视社会责任，投入大量资金在欧洲各个服务区，并参与多国的当地教育与文化、环境保护、健康与服务、道路安全等建设。日本企业和日本产品构建了日本严谨、高效、先进的国家形象。[②] 同理，美国的"创新"、德国的"完美"、意大利的"吸引力"、法国的"时尚"、瑞士的"精准性"等形象，都与全球公众对这些国家企业和产品的认知有着重大关联。[③]

[①] 刘立华、谢静：《中国企业跨国并购中的国家形象话语建构研究》，《浙江传媒学院学报》2013 年第 6 期，第 10 页。

[②] 周明伟主编：《对外传播的中国形象设计》，北京：外文出版社，2012 年，第 100—101 页。

[③] 廖秉宜、李海容：《中国企业海外声誉与国家形象构建研究》，《对外传播》2017 年第 9 期，第 42 页。

当前，中国处于经济转型换挡升级期，"中国制造"低端、廉价的标签依然没有被摆脱掉，这对国家形象构成了无形的伤害。《中国国家形象全球调查报告 2016—2017》指出，63%的海外受访者对中国产品的质量问题表示担忧，质量问题仍然是阻碍中国品牌在海外发展的主要因素。[①] 随着中国经济的发展，国内已经出现了很多产品质量过硬、科技含量较高的品牌。但是这些品牌在海外的知名度仍有待提高，联想、华为、阿里巴巴、中国银行等中国企业的佼佼者近年来才开始在拉美崭露头角。笔者与来华学习拉美的军官的访谈中发现，几乎所有来华军官均对在中国国内所见产品的高质量和科技含量感到惊讶，并对为何在拉美没能接触到如此高质量的中国产品表示疑惑。《中国企业海外形象调查报告（2014 亚太版）》对中国 180 家中国企业的海外知名度进行了调查，调查结果显示：评选出的知名度最高的 50 家中国企业在亚太地区的平均知名度只有 7%，而墨西哥民众对中国企业的熟悉程度只有 5.3%。[②] 为提升中国品牌在拉美的知名度和美誉度，我们应进一步加强国家品牌的战略支持，在国内加强自主创新，提升产品品质，加强品牌理论研究；在国外进一步加强品牌宣传力度，同时挖掘和助力更多中小企业参与全球商业中的品牌竞争，发挥"抱团出海"的效应。

---

① 中国外文局对外研究传播中心传播战略研究室：《中国国家形象全球调查报告（2016—2017）》，http：//www. chinacics. org/achievement，访问日期：2018 年 2 月 4 日。

② 王哲：《独家发布〈2014 中国企业海外形象调查报告〉》，第 20 页。

第二节　孔子学院与中国在拉美的软实力

一、孔子学院已成为中国在拉美施展软实力的主要平台

拉美地区的第一所孔子学院于 2006 年在墨西哥城设立，截至目前，共有 20 个拉美国家设立了 39 所孔子学院和 18 个孔子课堂，其中仅 2015 年一年，拉美国家的注册学员数量就达到 35192 人。[①]

墨西哥于 2006 年设立墨西哥城孔子学院，这是拉美地区的第一所孔子学院，随后该国又相继开设了 4 所孔子学院。墨西哥城孔子学院主要针对本国中小学生开设汉语课程，其余 4 所孔子学院的教学对象主要是成人。墨西哥各孔子学院因地制宜，设置了不同层次的课程，如儿童汉语班、成人汉语普通班、成人汉语专业班、中国汉语水平考试强化班、暑期汉语班等；还举办全墨西哥汉语教师培训班，成立墨西哥汉语教师协会，为各孔子学院搭建交流平台，鼓励中国志愿者参加西语培训。[②]

秘鲁是南美洲开展中文教育最早的国家，这得益于其与中国特殊的历史渊源。早在明清时期，中国广东、福建等地居民就开始向秘鲁移民。秘鲁是拉美各国之中华人华侨人数最多的国家，约有 300

---

①　楼宇：《中国对拉美的文化传播：文学的视角》，第 42 页。

②　付爱萍、田玉：《墨西哥孔子学院发展特点、问题及对策》，《连云港师范高等专科学校学报》2013 年第 1 期，第 88 页。

万秘鲁人有中国血统，约占秘鲁总人口的 10%。① 中国与秘鲁在经济、文化、教育、体育、艺术等方面交流频繁，秘鲁已有不少华文学院和培训机构，自 2008 年以来还开设了秘鲁天主教大学孔子学院等 4 所孔子学院，进一步加深了中秘人文交流。

智利拥有 2 所孔子学院和 7 所孔子课堂。2014 年 5 月孔子学院拉美中心在智利首都圣地亚哥正式揭牌，成为继孔子学院美国中心后孔子学院总部设立的第二个海外地区中心。孔子学院拉美中心执行主任罗伯特·拉封登认为，虽然拉美最大的孔子学院在巴西圣保罗，但孔子学院拉美中心却选择在智利，其中一个主要原因是智利本国人学汉语的热情远远超过其他拉美国家。他还指出："在智利，汉语现在是仅次于英语的第二大学习人数最多的外语。中国汉办与智利教育部建立了合作关系，派遣中文老师去各大公立中学和国立大学教授汉语。因此，在许多智利中学和大学里都设有汉语课程。"②尤其值得一提的是，圣托马斯大学孔院在智利的 19 座城市都设有教学点，基本覆盖其全境，这一点，在全球孔院中也非常罕见。③

巴西是拉美地区开设孔子学院最多的国家，共有 10 所孔子学院和 4 所孔子课堂。2014 年中国国家主席习近平访问巴西期间，中国与巴西签署了 32 项合作协议，其中 5 项涉及孔子学院。巴西里约热内卢天主教大学国际合作处副主任里卡多指出："孔子学院教授的不

---

① 陈路：《秘鲁与中国关系的发展》，《拉丁美洲研究》2006 年第 2 期，第 8 页。
② 《智利"汉语热"折射席卷拉美的"中国风"》，国际在线，http://gb.cri.cn/42071/2015/05/24/7211s4972952.htm，访问日期：2015 年 9 月 30 日。
③ 罗伯特·拉封登：《当拉美人民走进汉语世界》，《人民日报》2018 年 1 月 25 日，第 22 版。

仅是语言，更重要的是传播了中国的文化、中国为人处世的方法、中国人的思维模式。在巴西，汉语需求量日益增加，必须提高教学质量，培养懂中葡双语的高水平人才。孔子学院自然成为巴西中国语言文化爱好者的首选，也是教学汉语的权威机构"。里约热内卢天主教大学副校长伊凡神父也指出："随着中国经济的发展，不仅大量的中国企业进入巴西，同时来巴西的中国游客也大幅度增加，这都让巴西民众对中国有了很大的好奇心。越来越多的巴西人想学中文，想了解这个有着悠久历史的神秘国度。孔子学院的到来正满足了巴西人学习汉语的需求。"①

哥伦比亚开办了安第斯大学孔子学院、麦德林孔子学院和波哥大豪尔赫·塔德奥·洛萨诺大学孔子学院。其中安第斯大学孔子学院十分重视教材本土化建设，结合实践中所遇到的教学问题，推出了一套自主编写的对外汉语教材——《循序渐进汉语》。该套教材以"循序渐进"为编写理念，根据当地文化、人民生活习惯和学生特点编写了贴近学生日常生活的基本会话，教材内容生动活泼，是一套适合拉美国家非母语人士学习汉语的入门教材。该教材在哥伦比亚当地出版后获得了一致好评，并在 2010 年获得了"优秀国际汉语教材奖"，为拉美地区的汉语教学做出了重要贡献。②

阿根廷开办了南美洲第一家公立的中西双语学校，先后有两所孔子学院在阿根廷开办，不少本地学校也开设了汉语课，现在所有

---

① 周朗：《孔子学院魅力何来》，《人民日报》2014 年 9 月 12 日，第 6 版。
② 李宇：《哥伦比亚安第斯大学孔子学院的本土化教学探索》，国际在线，http://news.cri. cn/gb/42071/2014/09/27/6071s4708971.htm，访问日期：2017 年 9 月 1 日。

的阿根廷学生都可以参加中国汉语水平考试。① 以布宜诺斯艾利斯大学的孔子学院为例，布大是阿根廷最好的国立大学，该校的孔院截至 2012 年已拥有教师 30 名，开设的"普通话教程"教学点遍及布宜诺斯艾利斯全市和拉普拉塔市的周边地区，每学期平均招生800 人。②

古巴于 1960 年与中国建交，是第一个与中国建交的拉美国家。2002 年，哈瓦那大学在中国教育部和国家汉办支持下成立汉语教学中心。2004 年 9 月，中国派遣 3 名教师赴哈瓦那大学开展第一期汉语教学，此后汉语教学从未间断。2009 年 11 月，哈瓦那大学孔子学院正式揭牌。③

哥斯达黎加有 400 多万人口，其中华人 5 万多人。2007 年，哥斯达黎加与中国建交。虽然建交时间晚，但是丝毫没有影响哥斯达黎加人民学习汉语的热情。2009 年，哥斯达黎加大学孔子学院成立，成为中美洲第一所孔子学院。2010 年，哥斯达黎加举办了"汉语桥"比赛。更重要的是，2009 年哥斯达黎加教育部明确宣布汉语为国家第三大外语。④

中国的经济实力和软实力都在不断提升，对拉美开放程度也越

---

① 《文化交流让中拉关系更亲近》，《人民日报》2014 年 7 月 14 日，第 2 版。

② 张家唐：《孔子学院在拉美——两岸携手传播中华文化》，韩琦主编：《拉丁美洲文化与现代化》，第 316 页。

③ 《古巴哈瓦那大学孔子学院举办高端文化沙龙讲座》，网易新闻，http://news.163.com/10/0413/12/645A7FPV000146BC.html；《古巴共和国》，央视网，http://news.cctv.com/world/2008 1105/122869_2.shtml，访问日期：2018 年 4 月 7 日。

④ 喻虹霞：《专访哥斯达黎加孔子学院中方院长樊素琴》，《海外华文教育动态》2010 年第 6 期，第 152—153 页。

来越高，越来越多的拉美人希望更多地了解中国的方方面面。孔子学院作为推动汉语文化传播的重要平台，以汉语教学为起点，旨在通过汉语教学达到弘扬中华文化的目的。孔子学院不仅是一个语言教学的合作机构，更应该是向海外传播中华文化的使者。

孔子学院从 2004 年成立至今，一直在实践中不断摸索如何更有效地把汉语教学和中华文化传播结合在一起，如何用外国人喜闻乐见的形式，跨越中外文化差异，增加中华文化的魅力。孔子学院从启蒙和普及出发，采取灵活多样的办学形式，既面向大、中、小学生，又面向社会和企业；既教授汉语，又推介中华文化；在开展汉语教学的同时，还利用中外节庆、社区重大活动等机会，举办中医、武术、茶艺、戏剧、舞蹈、剪纸等内容丰富的中华文化活动。例如，智利圣托马斯大学孔子学院将文化活动向校外拓展，2010 年 4 月赴智利地震重灾区开展了以"与智利人民共建美好家园"为主题的赈灾活动，举办多场文艺演出、图书展览、中国文化推介活动。自 2011 年下半年开始，该孔院与智利当地图书馆合作，每月举办一次"孔子学院进社区"活动。此外，其每年定期举办"汉语俱乐部"活动，包括书法、剪纸、茶艺、饮食、歌舞、旅游等相关活动，还举办了不少大型文艺表演、展览，以及"汉语桥"中文比赛、中国电影系列展映和中国传统节日活动。[①] 巴西里约孔子学院在开设一系列汉语课程的同时，也举办了多种多样的文化活动。2012 年，里约孔

---

① 沙宗元：《智利孔子学院开展文化交流的探索与思考》，《世界汉语教学学会通讯》2014 年第 3 期，第 15—16 页。

子学院举办了第一届中国文化周活动，开设了"功夫班"，举办了中国古典文学翻译、中巴关系等主题的讲座，在里约引起了不小的反响。同时，里约孔子学院的"汉语"及用葡语讲授的"中国文化介绍"两门课程进入了里约热内卢天主教大学的学分制体系。2013 年，里约孔子学院参加了由州政府组织的"艺术周"活动，其中，剪纸、折纸等文化活动引起了中学师生及家长的极大关注。同年，还举办了首届"里约孔子学院夏令营"活动，多名孔子学院学生度过了为期两周的中国文化体验之旅。2014 年，里约孔子学院在圣灵州联邦大学举办了首次中国文化周活动。[①] 在巴西圣保罗大学，孔子学院积极推动一些重要的汉语经典著作的翻译和出版。在巴西和中国学者、作家的支持下，巴西圣保罗大学出版社已经翻译和出版了《论语》和唐代诗集等。[②] 圣保罗大学孔子学院还从 2015 年起每年举办"圣保罗中国电影节"。中国在拉美各地的孔子学院逐步形成了各具特色的办学模式，成为各国学习汉语、了解中国文化的重要场所。

二、孔子学院在拉美施展软实力面临的限制因素

近年来，孔子学院在拉美得到了较快的发展，拉美地区的"汉语热"也在持续升温，但是其发展速度与在欧美、亚洲相比，依然比较缓慢。尽管国家汉办给予拉美孔院优先发展的照顾，但是距离

---

① 郭伟，潘雅：《打造中巴教育文化交流的互动平台——访巴西里约热内卢天主教大学孔子学院中方院长乔建珍》，《世界教育信息》2015 年第 18 期，第 57—58 页。
② 李程程，孙颖：《在足球王国 以文化开始——专访巴西体育部首席顾问、巴西圣保罗州立大学孔子学院院长路易斯·安东尼奥·保利诺》，《孔子学院》2014 年第 4 期，第 31 页。

的遥远、语言文化习俗的差异、教师的缺乏、教材教法的不适应、管理机制的缺陷，以及西方媒体的负面报道等因素制约着拉美地区汉语教学和中华文化的传播。这些限制因素主要表现在以下五个方面。

（一）教师数量少和专业技能水平不高的制约

首先，教师数量不足，更换太频繁。孔子学院的教师主要由以下几部分组成：国外合作学校的汉语教师、中方派遣的汉语教师、志愿者、留学生以及当地的华人华侨等。国内派往国外的中方教师比较少，每所学校一般只有 2—3 名。而拉美有近 100 万人在学习汉语，但中国派到拉美的汉语教师却不到 200 人。[①] 如墨西哥各孔子学院专职教师在 5 名左右，其余则由当地华人或者留学生兼职担任老师，拉美本土汉语教师数量也很少。[②] 秘鲁里卡多帕尔玛大学孔子学院由于汉语教师不足，许多希望开设的汉语课程或培训项目只能搁置。此外，国内公派教师和志愿者任期短、更换快、不稳定、不安心。公派汉语教师一般任期为 2 年，志愿者一般为 1 年，师生双方刚熟悉适应了又要换教师和志愿者，也会影响教学质量。

其次，中方汉语教师和志愿者西语或者葡语水平低，严重影响着与学生的教学交流和中国文化在拉美社会的传播与交流。虽然国内派往拉美地区的汉语教师汉语基础知识比较扎实，汉语水平也较

---

① 《拉美孔院持续发展须加强汉语教师本土地建设——访孔子学院总部总干事许琳》，新华网，http：//news. xinhuanet. com/world/2014-05/13/c_1110671496. htm，访问日期：2015 年 9 月 13 日。

② 付爱萍、田玉：《墨西哥孔子学院发展特点、问题及对策》，第 88 页。

高，但是仅凭出国前一年的培训学习，其西语或葡语水平远远不能适应拉美汉语教学的需要。

再次，拉美本地汉语教师的汉语水平比较低。拉美本地合作学校的汉语教师，有熟练的本地语言的优势，但都存在汉语基础知识、汉语水平低的劣势，也给汉语教学带来了困难。

第四，兼职教师的学历低，教学经验缺乏。兼职教师中无论是志愿者、留学生还是华人华侨，其学历相对较低，又缺乏教学经验。许多兼职教师没有经过教育学、心理学、教材教法的专门学习，缺乏专业知识和技能，难以胜任汉语教学工作。

最后，教师的相关专业技能缺乏。如在教学过程中开展的文化交流活动，需要教师具有中医、武术、书法、戏剧、舞蹈、剪纸、绘画、厨艺等专业知识和技能，但是其懂行的少，会表现的更少。

总体来看，在汉语教师方面，孔院不仅面临汉语教师数量缺乏的问题，还面临教师专业知识、技能的缺乏，而既懂中西语言、又懂中西文化的多才多艺的教师更是缺少。

（二）受教材读物适用性差、针对性不强的制约

首先，西班牙语或葡萄牙语版的汉语教学材料少。目前，只有《今日汉语》《快乐汉语》以及本土教材《循序渐进汉语》等少量西、葡语教材可供选择，其余均为英语版教材。在网络上，汉语教学资料同样多为英语版本，西、葡语资料缺乏。这对于母语为西语和葡语的拉美学员来说是有一定学习障碍的。在哥伦比亚，学校图书馆和许多当地的书店里都很难找到与汉语相关的字典、词典等工

具书，汉语练习材料和阅读材料更少。

其次，教材读物的适用性差。部分教材有许多让拉美人不容易理解的内容，教材的编排不适合拉美人的学习习惯，也没有针对教学对象的年龄大小、汉语水平的高低编排不同的教材。而从目前拉美汉语教学的对象来看，有少年儿童，也有成人；有初学者，也有已具备一定汉语知识和水平的。

最后，国别化教材研究不深，缺乏本土化。许多教材内容没有很好地反映东道国的国情、社情和民意，没有和当地的政治、经济形势和文化民风习俗相融合，也没有与拉美求学者的需求相结合。无论是教材、读物的形式和内容都没有融入拉美国家的当地社会，还没有编印出拉美当地汉语学习者乐于接受和喜欢的高质量教材和读物。在实地调研中，拉美学生对汉语教材提出了很多建议和要求。如厄瓜多尔的多数学生认为教材需要"有中国文化介绍"、由"中国本土编写并配有 VCD 及 MP3""有练习册"；"书本尽量要有大量插图，最好是彩色的，还要有西班牙语和汉语拼音注释，再添加用西语注释的单词表"；"课文内容也要设置得风趣，最好贴近厄瓜多尔的生活"等。① 哥伦比亚的学生认为"练习题数量不够""语法讲解不详细"，希望在教材中看到更多的色彩和图片，增加更多、更新的实用性练习和内容，包含更多关于中国文化、历史、经济等方面的知识。②而这些都是目前汉语教材没能做到的。

---

① 蔡罗昆：《厄瓜多尔圣弗朗西斯科大学孔子学院汉语教学调查报告》，硕士学位论文，广东外语外贸大学，2014 年，第 23 页。
② 冯琳：《哥伦比亚汉语教学及汉语推广情况调研》，第 32 页。

（三）教学方法缺乏因人施教的制约

尽管中方公派汉语教师的汉语文化知识和教学经验比较丰富，但是面对不同国家、不同文化背景、不同语言表达、不同年龄、不同职业、不同层次的需求的外国学生，要进行针对性的汉语教学，采用不同于国内的教学方法，确实是一件不容易的事情。与此同时，教师少、课时多、任务重，使得教师忙于应付，缺少时间和精力研究教学方法。再加上语言的障碍、教材缺乏针对性和适用性、师生之间风俗习惯和思维方式的不同，给汉语教师因人施教增加了困难。而中国志愿者和留学生由于缺乏教学经验和汉语基础知识，实施因人施教的困难会更大。

拉美学生性格比较开放热情，活泼好动，自由随性，课堂气氛活跃热闹。但他们学习的目的性不强，主动性和自觉性也较差，因此教师如何对其管理和引导，也成为因人施教的新问题。这需要教师有较强的组织能力、适应能力和灵活多样的教学方法。此外，中国汉语教师和志愿者的西语或葡语水平不高，语言不流畅，表达不准确，会给因人施教带来困难；即使英语水平比较好，在拉美使用英语教学汉语也会大打折扣。

拉美几所孔子学院汉语教学情况的调研报告显示：许多汉语教师的教学方法单一，缺乏有效的教学技巧，课堂教学活动不够丰富，教师常常主导课堂，造成学生较少参与课堂活动。实际上，拉美学生更倾向于"以学生练习为主"的教学方法，大部分学生有较强的口语表达欲望，并希望通过在孔子学院的学习达到能用汉语进行交流的目标。① 因此，从拉美学生的特点和需求出发，在课堂教学中充分发挥学生的主动性和创造性，加强教学的互动性和直观性，才是适合拉美学生的教学方法。

（四）合作办学受财力和机制的制约

拉美地区孔子学院数量较少，首先与拉美地区的经济发展水平和合作学校的财力有关，比如秘鲁开设孔子学院就遇到硬件建设需要大笔经费投入、资金缺口大并短时间内难以解决的问题。厄瓜多尔开办的孔子学院也缺少实物展台、卫星电影等硬件设施。欧美地区孔子学院开设相对较多，除了当地重视文化教育之外，一个十分重要的原因就是其经济比较发达，财力比较充足。

其次是学分制和学历问题。绝大多数孔子学院没有实行学分制和学历制。学生学多学少、学好学差一个样，这会影响学生的学习积极性和自觉性，也会影响教学质量。

再次是调研和评估问题。一些孔子学院开设前调查研究不深不细，尤其是对资金、师资、教材和生源的需求等调研不实，导致开设后出现财力不足、师资和教材缺乏、生源不足等问题。同时，一些孔子学院也存在开设后管理不到位、制度不健全、对教学现状和效果调查研究和评估不充分、出现新问题没有及时发现和解决等问题。

最后是缺乏协调机制和交流平台问题。孔子学院之间缺少沟通

---

① 蔡罗昆：《厄瓜多尔圣弗朗西斯科大学孔子学院汉语教学调查报告》，第 28 页；刘秀秀：《秘鲁里卡多帕尔玛大学孔子学院汉语教学状况调查报告》，硕士学位论文，上海外国语大学，2014 年，第 28 页。

和交流，缺乏教材教法的研究和交流，缺乏资源共享和经验共谈的机制，个别地方还出现各自为政、无序竞争现象。如今孔子学院拉美中心已经建立，应当发挥其协调指导作用。

（五）西方国家质疑和媒体负面报道的制约

2007 年，加拿大安全情报机构曾投入大量精力调查孔子学院的开办情况。加拿大《环球邮报》报道称，加拿大安全情报局一份解密的报告说，北京将不仅占领全球经济市场，而且要赢得全世界的人心，以此来巩固其力量。这份报告认为中国大陆大量开办孔子学院是精心地利用所谓的"软实力"。① 2012 年，美国要求持有 J-1 签证（针对参加"交流访问者计划"的外籍人士）的孔子学院的中国教师离境。2014 年 12 月 4 日，美国国会第一次举行讨论中国影响是否侵蚀美国学术自由的听证会。主持听证会的美国众议院外交事务委员会成员克里斯托弗·史密斯称，由中国政府资助的孔子学院在学术课堂上禁止讨论敏感话题，他将要求国会下属的美国政府问责局对此展开详细调查。②

西方媒体攻击孔子学院是中国的"文化侵略"，诋毁孔子学院是开展军事、政治、商业间谍活动的基地。由于某些西方政客的偏见和西方媒体的负面报道，美国、欧洲、日本等少数西方国家的学者对孔子学院表示怀疑和警惕。美国多数名牌大学没有设立孔子学院，

① 《西方质疑孔子学院的蓬勃兴建》，新浪网，http://news.sina.com.cn/c/cul/2007-06-12/165613212655.shtml，访问日期：2015 年 10 月 20 日。
② 《美议员要调查孔子学院，中方称从未干涉学术自由》，环球网，http://world.huanqiu.com/exclusive/2014-12/5229404.html，访问日期：2015 年 10 月 6 日。

日本的孔子学院也都设在私立大学内。孔子学院被一些国外的学校误解为代表中国政府和执政党利益的政治机构和宣传工具。

三、化解限制因素，提升孔子学院的软实力

缺乏高素质的教师、高质量的教材、灵活适用的教学方法和科学的教学管理，已成为拉美地区孔子学院提质增效的限制因素。其根本原因在于需求与供给脱节，即拉美汉语教学的需求与中国汉语教学的供给脱节。实施本土化教学战略，加强中外院校的合作，提高汉语教学质量，打造孔子学院的国际品牌，扩展中华文化的交流平台，拉升汉语学习原动力已成为化解限制因素，实现供需平衡，提升孔子学院软实力的有效途径。

（一）实施本土化汉语教学战略，实现师资、教材、教法和管理本土化

首先是孔子学院汉语教学的本土化，就是要将教师、教材、教法和管理全部融入东道国之中，实现师资、教材、教法和管理的本地化。首先要实现教师的本土化。全国人大常委会副委员长许嘉璐指出："本土语言教师在思维习惯、文化背景方面具有天然优势，他们完全可以成为汉语国际推广的主力军，当前则应该成为我们外派汉语教师的重要补充。但这项工作现在还是一个薄弱环节，有必要加强"。[①] 本土化汉语教师在语言上要求既会汉语又会西语或葡语、

---

① 许嘉璐：《关于汉语国际教育热点问题的访谈》，《湖北大学学报（哲学社会科学版）》2011 年第 4 期，第 18—20 页。

最好还会英语；在文化知识方面，既要具备汉语基础知识，又要了解中拉双方的政治、经济、文化、历史、科技等知识；在生活常识方面，既要懂得中国的国情、民风习俗，又要了解东道国的国情、社情和风土民情；在专业技能方面，既要了解中国的中医、绘画、武术、戏剧、针灸、剪纸等传统文化，又要了解拉美的舞蹈、流行歌曲、文学艺术、影视作品等。总之，要有有关中拉双方的丰富知识和专业技能。培养如此高素质的本土化教师，可以采取三条途径：一是对现有孔子学院的教师进行培训，弥补现有教师的短板和不足，如对拉美籍教师进行汉语知识和中国文化的培训，对中国籍教师进行西语或葡语以及拉美国情、社情、习俗的培训。二是互派留学生，尤其派东道国的学生去中国留学，回国后充实教师队伍，如中国留学生愿意留在拉美任教也是一种途径和选择。三是在东道国或者拉美地区开办中文师范学院，专门培养汉语教师。

其次是实现教材、读物的本土化。实践证明，中国教材在拉美有些"水土不服"。在拉美地区使用的汉语教材应当同时使用中文和西语或葡语双语编写；要体现中国和拉美东道国的文化、艺术、经济、商务、政治、科技、电影、旅游、自然以及民风习俗；要按照东道国的学读习惯、喜好、需求编写；要分别为儿童、青少年、成人、老人的年龄段编写；要根据初级、中级、高级等不同层次的汉语水平编写；要按照长期班和短期班编写；要按照不同国家和民族的国别化编写。这样，才能实现内容、形式、层次、需求的多样化、本地化和国别化。哥伦比亚安第斯大学孔子学院已编印了本土教材

《循序渐进汉语》，并在拉美地区试用，效果也比较好，但这仅仅是个开始，还没有形成汉语教材的多样化和国别化。汉语读物也可以参照上述要求编写，以满足不同层次、年龄、偏好、需求的读者。

再次是实现教学方法的本土化。教师要充分了解受教学者的年龄、知识水平、兴趣爱好，以及语言表达、阅读、理解、接受能力，还要了解其学习和生活习惯、目的动机、心理素质、行为品德等情况；对受教学者进行个体和群体分析和分类，寻找差异和共同点，把握需求和兴趣爱好，加强汉语教学的直观性和互动性；以学生为中心，充分调动学习积极性，多采用启发式和互动式教学。总之，要实施因人施教，分类指导。

最后，实现本土化管理。坚持以外方管理为主的模式，中方教师、志愿者要积极地建言献策；要协助校方按照当地规章制度和风俗习惯管理汉语教学；要加强教师间、教师与学校之间的沟通了解和协调，加强教师、志愿者、华人华侨兼职教师之间的沟通与协作；要加强孔子学院开办前和开办后的调研评估工作，发现问题及时纠正、弥补；尝试和推行汉语教学学分制和学位授予，调动学生学习汉语的积极性和自觉性，提升汉语教学质量。

（二）加强中外合作，给予拉美国家孔子学院更多的支持和帮助

拉美地区的汉语教学相对于欧美和亚洲要落后，其经济发展水平和财力也相对落后，应当给予更多的支持和帮助。国家汉办主任许琳曾表示："对拉美国家来说，对孔子学院的需求特别旺盛，应该说由于拉美国家的汉语教育基础比较薄弱，起步较晚，所以我们对

于拉美国家孔子学院的提供是不封顶的，也就是他们需要什么样的帮助，我们就应该提供什么帮助"。① 现阶段，国家应当派更多教师去拉美任教，给予更多的奖学金名额让更多的拉美学生来中国留学。中国的相关院校可以联合举办培训班，让拉美汉语教师来中国进修。在拉美教学的教师应当与东道国汉语教师建立"一帮一"的互帮互学机制，取长补短、共同提高。同时，也可以在拉美地区举办汉语教师培训班，就近方便地提供服务。

在教材编写方面，中国在拉美讲学的汉语教师和志愿者对现有教材要多分析总结，帮助东道国院校和教育部门编写好本土教材和读物。国家汉办和孔子学院总部可以会同出版机构，组织拥有拉美汉语教学经验的教师和志愿者研究编写适合拉美国家不同年龄、不同层次和不同需求的学生的汉语教材和读物，供拉美孔子学院选用。

在教学管理方面，中方教师和志愿者也要积极参与，全力支持。在教学方法上也要组织教师和志愿者进行分析总结，编写教法经验，参与经验交流，共同提高教学水平。中方合作院校在资金和教学设备方面也要给予大力支持，增强校际间的合作，降低官方色彩。国家汉办和孔子学院总部要全力办好网络孔子学院，使网络孔子学院更多地为国外孔子学院提供服务。网络孔子学院应当面向全球，走向社会和民间，可以与电视等媒体合作，成为拉美地区甚至是全球汉语教学的大平台，成为传播中华文化的主要途径。

---

① 《国家汉办主任：拉美国家孔子学院未来之路任重道远》，国际在线，http://gb.cri.cn/27824/2012/07/20/3245s3776943.htm，访问日期：2015 年 9 月 20 日。

(三) 提高质量，打造品牌，扩展平台，充分发挥孔子学院在软实力实现中的作用

首先要全力提升教学质量。质量决定发展，质量决定生命。拉美部分孔子学院也出现过刚开办时注册登记的学生比较多，一年半载后学生减少的现象，其主要原因是学院的教学质量没有达到学生预期的需求。要通过提高教学水平、教材质量以及教学管理来实现教育质量的提升。

其次是要打造孔子学院的国际品牌。要坚持开办一所、办好一所的原则，不盲目追求数量，不盲目追求速度。尤其是在教师力量不足、合适教材缺乏的情况下，更要讲究办学质量，更要注重孔子学院的形象，维护孔子学院的品牌。一定要让受教学者学到货真价实的中国汉语和中华文化，帮助其实现学习目的，让学生喜欢和满意，才能得到拉美民众的普遍称赞认可、参与和支持。

再次要拓展交流平台。目前拉美 33 国中仍有十余国没有开设孔子学院，还有发展的余地和拓展的潜力。一方面，我们要办好现有的孔子学院，树立成功的榜样；另一方面，要加强宣传，使尚未开办的国家、地区和城市有意向、有动力开办。同时，要加强与未开设孔子学院的国家、地区和城市的经济、文化交往，引发需求，启发动因，让孔子学院之花开遍拉美各地。

最后要充分发挥孔子学院在软实力实现中的作用，通过孔子学院这个大平台，传播中华文化，让拉美民众了解中国、认同中国，实现政治互信、经济合作、心灵相通、友谊长存。

（四）发展经济，弘扬文化，提升形象，激发动力

孔子学院在拉美地区迅速发展，首先得益于中国经济的发展，其不仅为开设孔子学院提供了资金支持以及师资和教材的供给，而且强化了中国经济对拉美经济的吸引力，使拉美许多国家和民众因需要与中国进行经济合作而学习汉语；其次是中华文明古国的悠久历史和灿烂文化的影响力，使拉美许多国家和民众喜欢中国文化、了解中国文化，为了进行人文交流而学习汉语；最后是由于中国的国际地位的提升，中国在国际舞台上发挥的影响和作用日益增强，对世界和平与发展的贡献越来越大，使拉美国家和民众因希望加强与中国的交往和合作而学习汉语。

对秘鲁里卡多·帕尔玛大学孔子学院学生的汉语学习动机进行调查后发现，选择人数较多的动机因素包括"对汉语感兴趣"（68.42%）、"对中国文化感兴趣"（43.86%）、"找一份好工作"（42.11%）、"想去中国旅游"（24.56%）。[①] 对厄瓜多尔圣弗朗西斯科大学孔子学院学生学习汉语的动机调查显示，选择"与中国人做生意"和"到中国旅游"的学生占36%；"到中国留学""获得 HSK 考试证书"和"对中国文化感兴趣"的学生占39%；另有25%的学生表示学汉语是为了"在厄瓜多尔找工作""想当汉语翻译"和"到中国工作"。[②] 由此我们可以看出，拉美孔院学生学习汉语主要是为了从事对华贸易和找到满意的工作，了解中国的文化和习俗，

---

① 刘秀秀：《秘鲁里卡多帕尔玛大学孔子学院汉语教学状况调查报告》，第29页。
② 蔡罗昆：《厄瓜多尔圣弗朗西斯科大学孔子学院汉语教学调查报告》，第20页。

以及到中国留学和旅游。这些学习汉语的动因表明中国经济的发展、文化的弘扬、国家形象的提升，关系到孔子学院发展的前途和命运。因此，为使孔子学院在拉美，甚至在全球生根开花，一定要保持中国经济持续、稳定、健康的发展，更具吸引力；将中华文化发扬光大，更具影响力；让中国的国际地位和形象不断提升，更具凝聚力。

第三节　从拉美来华受训高级军官的案例 看中国在拉美的软实力

军队在拉美国家的现代化进程中一直扮演着非常重要的角色。一位研究拉美的学者曾指出："世界上没有任何地区（如拉美地区一样）在过去 150 年中有着如此大规模的军人统治"。[①] 除了其军事职能之外，我们甚至可以把频繁干政的拉美军队看作一支重要的政治力量。虽然随着第三波民主化浪潮的兴起，拉美军人纷纷"还政于民"，但是拉美军人在当前拉美各国政治、经济和社会生活中的影响仍不容忽视。

笔者因工作关系，连续多年直接参与了拉美来华高级军官的培训工作。这些军官基本都是在本国武装力量总部、军兵种、院校等担负领导职务的上校以上军官。本案例研究借助此对外军事培训平

---

① 转引自董经胜：《拉美国家现代化进程中的军人政权》，《江汉大学学报（社会科学版）》2004 年第 2 期，第 13 页。

台，对 2015 年至 2018 年来华受训的拉美高级军官进行深度访谈，并结合本人及同事往年在对外军事培训中与拉美军官的交流经验，考察拉美军官对中国的观感。深度访谈的受访者分别来自阿根廷、巴西、玻利维亚、古巴、哥伦比亚、厄瓜多尔、智利、墨西哥、委内瑞拉、乌拉圭等国，在各自武装力量中担任重要职位。受访军官横跨海、陆、空、国民卫队等多军种，大部分都在世界其他国家有过受训和执行任务的经历，有的甚至曾被派驻到十几个国家，拥有丰富的学识和阅历。因此对他们进行深度访谈，了解他们对于中国的看法，对于考察中国在拉美的软实力状况有着积极而重要的意义。

一、来华前对华印象：了解较少，存在疑虑与误解

（一）对华了解比较有限

对受访拉美军官来说，中国是一个遥远而陌生的国度，在来华前他们对中国的了解比较有限。有些军官对近年来中国的飞速发展和对外贸易投资协定的频繁签订有所耳闻，知道中国是一个大国、一个共产主义国家；还有部分军官可以说出毛主席、长城、熊猫、李小龙、成龙等与中国相关的关键词。但总体来说，这些认识都只是标签式的印象，并没有更加具体和深入的了解。作为军人，他们普遍在军校期间学习过《孙子兵法》，除此之外，他们对中国最深刻的印象就是质低价廉的"中国制造"以及在当地勤劳工作的华人。一位墨西哥军官在访谈中指出："除了与中国有经贸往来或从事中国研究的相关人员，大部分拉美人对中国这块遥远且没有太多利益纠葛的大陆既不了解也不关心"。

一位玻利维亚军官在来华前只知道"中国人口众多"，"中国人吃猫肉、吃狗肉"，因此以为中国还很贫困，人民"或许没法填饱肚子"。几年前玻利维亚报纸曾对"7·23"动车事故进行过大量报道，导致这位军官的家人对其中国之行十分担忧，认为中国会有很多安全隐患问题。等真正来到中国之后，他才感叹道："原来中国既安全又现代"，感觉中国"仿佛是被遮住了一样，没有真正被展示在世界面前"。事实上，大部分拉美军官都有同样的感受，他们即使在本国国内时对中国的经济发展有所耳闻，但来到中国后亲眼看到的现代化水平和人民受教育程度还是大大超出了他们的预想。

（二）存在很多误解和负面印象

所有军官都在访谈中提到了多年来对中国产品根深蒂固的印象："中国制造"就是质低价廉的代名词，还伴随着"仿冒""抄袭""不尊重知识产权"等不实标签。与此形成鲜明对比的是，所有军官都对品质有保障的日本和美国产品大加赞赏，即使是"香港制造""台湾制造"也意味着良好的声誉。有的军官甚至认为"或许中国根据不同的地区生产不同质量的产品，优质产品专门输送欧美，而廉价产品专门送往拉美和非洲"。近几年随着中国品牌和先进装备进入拉美，这些印象才逐渐有所改观。中国作为"世界工厂"向拉美各国输出的鞋子、服装、玩具、电子产品等消费品，与拉美人民的日常生活息息相关，是拉美普通民众了解中国最直接的媒介。而这一媒介的负面形象必然大大影响了拉美广大民众对中国的认知。

华人华侨是拉美民众了解中国的另一个重要途径。但是在拉美很多国家，华人群体比较封闭，没有很好地融入当地社会。阿根廷军官指出："阿根廷布宜诺斯艾利斯的华人只关心做生意，不开放也不喜欢融入阿根廷社会。当我行走在唐人街时，仿佛完全置身另外一个国家，这让人很不舒服。"在访谈中，大部分拉美军官没有直接接触过本国当地华人，对华人的印象只停留在"勤劳"和"中餐馆"上。此外，在不少拉美国家，一小部分华人从事商品非法贸易，或是售卖劣质仿冒品，给当地正常的商品贸易造成了不良影响，给当地民众留下了不良的观感。

个别拉美军官曾在 20 世纪 90 年代初访问过中国，对中国的印象停留在当时中国的发展程度和人民生活水平上，以为中国还是那个"不怎么开放"的"自行车大国"。一些只知道中国是社会主义国家的军官，将中国想象成古巴和苏联的样子，以为中国是一个"封闭的、物资匮乏的"国家。在西方社会对所谓的中国"民主""自由"问题的负面宣传下，相当比例的拉美军官误以为中国是一个"社会管制严重""缺乏公民自由"的国家。一位墨西哥军官 2001 年曾经参加联合国《禁止或限制使用特定常规武器公约》的相关会议，他发现在会上"中国和朝鲜不愿放弃杀伤人员的地雷的使用"，因此一直留有"中国是一个很好战的国家"的印象。

（三）对华存在疑虑

拉美拥有丰富的自然资源，其中有许多是战略性资源和不可再生资源。在整个 20 世纪，拉美国家既受益于美国的经济繁荣，又因为对美国市场和投资的过分依赖而深受其害。历史的教训让拉美人对中国的贸易投资充满戒心。一位阿根廷军官指出："近年来中国在拉美多个战略性经济领域现身，但中国的战略目的并不清楚地为人所知。面对骤然增多的大型合作项目，人们心中产生了各种疑虑：中国究竟要在拉美做什么？是来帮助我们还是单纯攫取自然资源？中拉合作项目会不会在带来短期利益的同时，从长期上损害拉美的利益？"在 2018 年对 28 名拉美军官的访谈中，三分之一的军官主动指出了对"中国开采拉美自然资源"和"中国产品对拉美本地企业造成冲击"的担忧。

2015 年阿根廷国会批准议案，允许中国在阿根廷建立卫星跟踪站，并享有 50 年的免税优惠。一位阿根廷上校指出，一份 50 年的协议在他看来是"疯狂的事"，因为"在多变的世界里，没人知道 50 年里会发生什么。如果出现风险，中国这样的强国必然能比拉美小国更能保全自己，最终的结果将会是弱国更弱"。他还指出："这一项目的实施过程中，所有的技术、管理等核心人员均为中国人，而没有阿方人士参与其核心部分；中方承诺向阿方提供信息，但这些信息是否完整，阿方无从知晓。在占地 200 公顷的区域内，中国建立如此高科技、保密性如此之高的研究基地，内部的实际运作是否和中国对外宣称的一致，也令人生疑。"

（四）对日韩的了解大于对中国的了解

总体来看，受访拉美军官对亚洲国家的了解远低于对欧美国家的了解，很多军官无法分清中国、日本、韩国的差别。但是，相较于中华文化，日韩文化在拉美的影响更加广泛，而且拉美人民对中国文化的了解离不开日、韩刻板印象的影响。访谈中，有少量军官因其子女对日韩流行文化的喜爱，可以列举出日韩明星、日韩流行音乐、日本动漫等，但是对中国流行文化却一无所知。部分军官误以为日本的清酒、寿司等属于中国。据一位墨西哥军官反映，日本动画片在墨西哥年轻一代中熟悉度很高。而在巴西，其主要电视媒体之一环球电视台（Globo）在日本有驻地记者，常发回关于日本的新闻报道，但是该电视台没有驻华记者。巴西军官在观看了与日本相关的新闻报道后，误以为中国如同日本一样，因城市人口密度过大而使住房空间、公共空间十分狭小，其来到中国以后才发现实际原来完全不同。

在中华人民共和国成立以后的很长一段时间里，美国实行孤立中国的政策，拉美国家也普遍对中国存有较大的疑虑，因而与中国保持距离。20 世纪 50 年代，中国在拉美没有一个建交国，除古巴在 1960 年与中国建交外，其他拉美国家直至 70 年代才陆续与中国建交。这一时期中拉以民间交往为主，经贸往来困难重重，中国文化在拉美传播的主体和渠道更是有限。可以说，对于大部分拉美民众而言，直到 20 世纪 70—80 年代，中国才逐渐进入他们的视野；直到 21 世纪中拉关系进入飞速发展的阶段，拉美民众对中国的印象才从"想象"变成"相对可见"。

与此形成对比的是，20 世纪 50—60 年代以来，随着日、韩经济迅速发展，其成为拉美在亚洲地区的主要贸易伙伴。这些贸易往来成为东亚文化在拉美传播的主要媒介。1998年以前，日本一直是仅次于美国和欧盟的拉美第三大贸易伙伴。20世纪90年代，韩拉贸易和韩国对拉美投资迅速增长。① 此外，历史上，日本曾多次向拉美大规模移民，受经济和移民因素影响，日本文化在拉美有着比较广泛的认可。基于此，拉美民众对亚洲逐渐形成以日韩文化为主的印象。

（五）信息渠道限制对华认知

大部分拉美军官了解中国的信息渠道是网络和电视，而且主要是本地媒体。一部分军官通过西方媒体了解中国，只有极少数军官接触过中国媒体。在受访军官中，除了古巴军官在某些特定的军官俱乐部看到过中央电视台西语频道外，其余军官均没有接触过中国媒体，也不知道央视西语频道、中国国际广播电台等中国媒体的存在。有军官指出，他们通过西方媒体如美国有线电视新闻网、英国广播公司，以及"国家地理频道"（Nacional Geographic Channel）、"历史频道"（History Channel）等制作的纪录片了解到的中国，都是从西方视角出发、通过某些特定角度呈现出来的中国，这与他们来到中国后，从央视西语频道了解到的中国存在很大差异。

学员从本国国内媒体了解到的关于中国的新闻报道，主要为两类：第一类为与中国相关的重大国际国内事件，包括与中拉双方相关的国家元首互访、重要条约签订、共同参与重大国际会议等；朝

---

① 徐世澄：《亚洲与拉美的关系：回顾和展望》，《拉丁美洲研究》2010年第5期，第4—6页。

核问题等需要报道中国态度和做法的中国周边外交问题；以及中国国内举办奥运会、召开十九大、庆祝新年等。第二类为与中国相关的"奇闻逸事"和抓人眼球的社会事件，如中国人吃狗肉、猫肉和昆虫，中国空气污染指数爆表、中国小孩冬天穿开裆裤、中国人用童子尿煮鸡蛋等传闻。

此外，除古巴军官外，很少有拉美军官接触过中国拍摄的电影和电视剧，他们更多地是通过美国和其他国家拍摄的影视作品了解中国。这些影视作品更乐于展现古代中国或落后的中国，因而导致个别拉美军官在来华前以为中国人都住在木制房屋里，甚至还留着长辫子。

由于中拉距离遥远且没有太多利益纠葛，中国也不是拉美民众的主要旅游目的地国，大部分拉美军官缺少加深对华了解的动力。因此，即使互联网上信息资源丰富，他们也不会利用网络或其他手段对相关信息进行进一步搜寻和印证。这就构成了他们对华印象的两方面特点：一方面，他们主要通过国际新闻对宏观层面的中国有所耳闻；另一方面，因一些专注于中国"奇闻轶事"的社会新闻，他们对中国的了解比较片面。此外，由于西方媒体涉华报道角度的选择，以及一些国外影视作品的误导，也导致了他们对华认知产生偏差。

二、来华后对华印象：改观明显，问题仍存，观点存差异

（一）对华正面观感显著增加

来华学习让拉美军官以最直观的方式了解真实的中国，许多军

官改变了原有的对华负面印象。曾经以为中国是一个好战国家的墨西哥军官表示，在了解了中国苦难的历史、参观了南京大屠杀纪念馆后，明白了中国爱好和平的原因。曾对中国存疑的阿根廷学员表示，来到中国以后，明白了中国和其他大国的区别：中国不会将投资和贷款与民主、治理等问题挂钩。曾以为中国存在诸多管制、"缺乏自由"的军官在亲身接触中国社会以后指出，"在中国生活其实很自由"。在讲座上，中国教授坦诚地谈论中国存在的各种问题，也赢得了军官们的好感。

对北京、上海等城市的参观令拉美军官亲眼目睹了中国经济发展的成就，他们均对中国科学技术的迅猛发展、现代化的城市建设、完善的基础设施水平和干净整洁的城市环境表示了赞叹。中拉经贸的发展、中国当前的经济实力和未来的发展潜力在令拉美军官艳羡的同时，也让他们看到了机遇，一些军官表示希望让自己的子女学好中文，因为"学好中文就是投资未来"。

历年来，拉美军官对中国超强的规划能力和执行能力均表达了赞赏，并指出了拉美与中国在这方面的差异。多名军官认为，中国既有短期规划，又有中长期规划，而且每个规划的目标任务基本都能实现，这是拉美国家无法企及的，这也正是中国获得巨大成功的原因所在。一名委内瑞拉军官表示："中国一旦制定一个目标，就万众一心朝这个目标奋进，直至最后达成目标。'五年规划'是我在中国学到的一项非常重要的内容。"

在 2017 年和 2018 年访谈中，军官们普遍对中国良好的治安状况、反腐方面的成效表示了肯定，进而对中国政府的治理能力表达了赞赏之情。

由于国家治理体系的内在缺陷和国家治理能力的欠缺，很多拉美国家经济发展不稳定、贫富分化严重、失业率攀升，导致这些国家社会冲突频发，暴力犯罪严重，面临严峻的社会安全治理难题。根据联合国毒品与犯罪署 2013 年发布的报告，中国大陆每 10 万人谋杀率为 1.0，而拉美的洪都拉斯为 90.4，委内瑞拉为 53.7，哥伦比亚为 30.8，巴西为 25.2，墨西哥为 21.5。[①] 一位墨西哥军官在访谈中指出："在墨西哥时，我从来不敢让我的两个小女儿独自外出玩耍，但是在中国，我完全没有这方面的担忧。安全感是所有人类都渴望获得的。中国良好的治安是中国最吸引我的地方，令我想在这里长久居住下去。"其他拉美各国军官也列举了在中国丢失物品原样返回、自行车放在外面从来不会被盗等他们亲身经历的事件。部分军官将中国的治安状况与西方媒体借以指责中国的"死刑"等严厉的刑罚联系起来，并对中国表示了支持，认为"对于情节严重的犯罪，重惩是必要的"。有人希望拉美的量刑可以更严厉，甚至希望本国也可以执行死刑。

拉美是世界上腐败问题最为严重的地区之一，国家政权和政府部门受到腐败的极大侵蚀。根据透明国际（Transparency International）2016 年度腐败指数排行榜，在全球 176 个参评国家中，委内瑞拉清

[①] United Nations Office on Drugs and Crime, "Global Study on Homicide 2013," https：//www.unodc.org/documents/gsh/pdfs/2014_GLOBAL_HOMICIDE_BOOK_web.pdf，访问日期：2018 年 1 月 24 日。

廉度排名第 166 位，厄瓜多尔第 120 位，玻利维亚第 113 位，秘鲁第
101 位，哥伦比亚第 90 位，巴西第 79 位。①据厄瓜多尔一项民意调查
显示，28%的被调查者认为，腐败是国家最应当首先解决的问题，仅
次于就业不足（30%），只有 16%的人首选贫困，② 可见厄瓜多尔腐
败问题之严重和民众对惩治腐败的迫切要求。中共十八大以来，党
中央全面从严治党、狠抓惩治腐败，多位省部级干部、军队领导人，
甚至是更高层次的领导干部落马，反腐斗争取得重大成效。多名拉
美军官在访谈中对中国共产党和中国政府在反腐败斗争中强大的政
治意愿和执行力度，尤其是显著的反腐成效表达了自己的肯定。一
位哥伦比亚军官认为，拉美严重的腐败问题阻碍了国家的经济发展
和社会公平的实现，中国强力的反腐行动和对腐败问题的严惩值得
学习。

（二）了解程度和正面观感呈逐年增长趋势

虽然总体来说拉美军官来华前对中国的了解比较有限，但通过
四年访谈的纵向对比后发现，这一了解程度呈现小幅度的增长趋势。
在来华学习并加深对中国的了解后，他们对中国产生正面观感的比
例也有所增加。2015 年访谈中，拉美军官对华观念的转变主要源于
中国经济建设成就以及和平的外交政策；2018 年访谈中，拉美军官
除了对上述内容的肯定外，还表达了对中国政府治理能力的肯定，如
中国良好的治安状况、干净整洁的城市、反腐取得的成效等。

———————

① Transparency International，https：//www. transparency. org/news/feature/corruption_perceptions_
index_2016，访问日期：2018 年 1 月 24 日。
② 杨建民：《厄瓜多尔可治理性问题研究》，《拉丁美洲研究》2007 年第 5 期，第 15 页。

此外，拉美军官对中国是"世界强国"的信念愈发笃定。2015年访谈的学员均认可中国世界经济大国的地位，认为中国在经济领域可与美国一较高下，但对于中国在国际政治中发挥的作用并未过多提及。在2018年访谈中，多名学员明确将中国视为"亚洲领导者"，认为中国以积极的态度参与国际事务，在朝核危机等地区安全问题解决方面发挥了十分重要的作用，而且在国际交往中充分展示出了自己的外交智慧。此外，他们认为通过"一带一路"倡议，中国将以地区领导者的角色为周边国家和"一带一路"沿线国家带来发展机遇。

（三）对外军事培训成为软实力的重要生长源

通过来华学习，拉美军官了解了中国的政治、经济、军事、文化、社会等方方面面的内容，更加深入和全面地审视中国的观点和立场，倾听中国的声音。一位墨西哥军官在回答"中国威胁论"相关问题时指出：中国国内还有很多问题没有解决，与周边国家仍存在领土纠纷，台湾问题、钓鱼岛问题和南海问题等也有待解决，此外，周边安全环境中还存在朝核问题等很多不稳定的政治因素。因此，他认为中国是一个专注于国内事务和周边事务的国家，不会对拉美构成"威胁"，也不担心中国成为下一个美国，因为"中国不可能像美国一样四处插手别国事务"。这位军官的回答是基于对中国现实充分了解的基础上的，与课堂上一些中方专家回应"中国威胁论"的思路十分相似，说明该军官理解并接受了中方的观点。

在访谈中，所有军官均对中国政府和中国军队表示了感谢，并对中国的对外培训工作表示了肯定。一位墨西哥军官指出："中国政府和军队在这方面的付出是令人尊敬的。中国本着和平的目的邀请外国军官来华，让我们了解中国，爱上中国，这比投资 10 枚导弹要有用得多。我对中国的印象从此改变。"还有军官指出，来华前在本国被指派来中国时，他曾感到十分失落，因带着对中国的一些偏见不愿来华，但是真正在中国学习之后深切感受到"不虚此行"。

约瑟夫·奈认为，"军事合作与培训项目能够增强一国软实力的跨国网络"。① 了解是产生好感的第一步。从访谈结果来看，邀请拉美军官来华学习，对增加其对华了解、改变其对华刻板印象方面产生了显著的效果。

我军有多所院校担负不同层次的对外军事培训任务。以国防大学国际防务学院为例，作为我军开展国际高级军事任职教育培训和防务交流的重要平台，其培训和交流对象涵盖五大洲 160 多个国家，先后培训近万名各国中高级军官和政府防务官员，许多人成为所在国家的治国治军栋梁，其中有 8 人成为国家元首。对外军事培训在增进中拉友谊与互信，提升中国国际影响力方面发挥了不可替代的重要作用，已经成为我软实力的重要生长源。

（四）中国作为美国"替代者"而产生吸引力

访谈中，所有拉美军官均表示对中国的未来发展充满信心，并频繁将中美进行对比，认为中国在经济上赶超美国是必然趋势，而

---

① ［美］约瑟夫·奈：《权力大未来》，第 123 页。

中国在其他领域的赶超也值得期待。一位巴西军官认为："中国的存在，必将改变美国主导的单极世界。"一位玻利维亚军官指出："150年来，我们站在美国这个巨人身边，希望他能为我们做些什么，然而他只是索取，没有回报。美国越来越好，而拉美越来越糟。有一天，我们突然看到了日益强大的中国，而且中国周边的小国也跟着中国一同得到了发展。这是美国没有做到的。"

中国对拉美国家的贷款和中拉贸易，成为拉美国家的一种新选择，以此对其产生了较强的吸引力。由于和多家对冲基金之间存在债务纠纷，阿根廷无法从国际资本市场吸纳资金。2014年7月，中阿签署协议，中国向阿根廷提供75亿美元贷款，用于该国能源和铁路项目建设。一位阿根廷军官在访谈中指出"阿根廷债台高筑，当国际货币基金组织和世界银行都抛弃我们的时候，中国向我们伸出了援手。"此外，近年来中阿在军事技术方面存在很多合作。阿根廷军官指出："从前阿根廷主要从美国和以色列购买军火。现在我们多了一个选择，那就是中国。而且中国的武器质量好，价格实惠，对我们来说更合适。"阿上校还透露："英阿马岛战役以后，英国一直对阿根廷有所防范。鉴于盟友的要求，美国不可能将最新的军事技术交给阿根廷。现在有了中国，阿根廷便不再受英美控制，可以从中国采购最先进的武器。"

古巴和委内瑞拉军官认为"古巴、委内瑞拉和中国拥有共同的敌人，即美帝国主义"，他们将中国视为"当今世界最有能力制衡美国、结束美国对世界的专政的国家"，希望中国的存在可以"让美国不再为所欲为，不再控制其他国家，不再将自己的意志强加给他人"，可以"还世界人民和平和安宁"。有委内瑞拉军官认为，"中国尊重其他国家，遵循互利共赢的理念。如果中国成为世界的领袖，绝不会做和美国一样的事，世界局面将大不相同"。

（五）古巴、委内瑞拉和玻利维亚军官对华亲近感更强

由于与中国在意识形态方面的相似之处，古巴、委内瑞拉和玻利维亚军官对华亲近感更强。古巴在 1959 年 1 月取得革命胜利后，在拉丁美洲建立了第一个社会主义国家，一直以来坚定走社会主义道路。2005 年，委内瑞拉前总统查韦斯提出"21 世纪社会主义"思想。2006 年莫拉雷斯玻利维亚上台执政，提出"社群社会主义"的主张。由于被派来中国学习的古巴、委内瑞拉和玻利维亚军官都是当前政权的坚定拥护者，因此与其他受访军官相比，这三国军官对中国的政治制度认可度更高，也更能理解中国特色社会主义理论。中古传统友谊和社会主义好兄弟之间的相互支持是古巴学员在不同场合经常提及的内容。委内瑞拉学员曾多次感谢中国给予委内瑞拉的巨大帮助。此外，在华期间，他们均十分注重学习中国的发展和治理经验。委内瑞拉军官指出："中国发展的成功经验是我们学习的榜样"。委内瑞拉向中国派遣的高级军官人数曾多次高于其他拉美国家，这本身就显示了委内瑞拉对中国的亲近感。

对于中国在西方经常遭受负面评论的一些方面，古巴、玻利维亚和委内瑞拉三国军官表现出更高的宽容度。如当谈及中国企业与拉美当地民众产生矛盾、引发冲突的问题时，有玻利维亚军官认为

这事实上是"美国不愿中国染指拉美，利用媒体刻意夸大事件"。中企在委内瑞拉建安居房，全部使用中国员工，委内瑞拉军官赞赏中国人此举很有组织性、纪律性。这与其他国家对中企员工本土化不够的批评形成鲜明对比。在谈及中国的政治制度时，有玻利维亚军官认为："世界上不仅仅只有一种民主形态，中国特色社会主义民主也是民主，西方民主体制也有其弊端。反对党只是为了反对而反对，有时反而阻碍了国家的发展。"还有委内瑞拉军官认为："中国根本不缺自由和人权，西方媒体对中国的抨击都是恶意的谎言"。

（六）疑虑和负面观感依然存在

虽然在华培训过程中，中方一再向拉美军官展示中国和平发展、和谐世界的理念，并通过中国近现代史上经受过的战争苦难解释中国不愿再卷入战争的愿望，但仍有军官表达了其担心和疑虑。一位阿根廷军官直言不讳地指出："既然中国一再强调其和平主义的发展道路，那么为什么中国拥有世界上最大的陆军？事实上保护本土根本不需要这样规模的陆军。随着中国的国家利益越来越多地向海外扩展，当这些利益受到严重侵害时，中国还会继续执行其和平发展政策和不干涉别国内政的政策吗？只有当话语和行为相统一的时候，一国传递的战略信息才能令人信服。"一位墨西哥军官在谈到中国军队的国际形象时也指出："中国一方面强调构建和谐世界，另一方面又积极发展军力，这在我看来是相互矛盾的。"

拉美经济高度依赖初级产品出口，而其资本和技术密集型产业相对落后。因此拉美希望中国增加对其的技术转让，促进其产业升级，实现自主可持续发展。在历年外训教学的交流互动中，拉美军官均对中国的技术转让问题提出过不满。访谈中一位军官指出："中国需要用具体的证据来展示其良好的意愿，向拉美提供其真正需要的东西，那就是工业和技术，而不是仅仅索取资源。这才是中国一直强调的'双赢'"。

此外，通过日常生活中对中国的就近观察，拉美军官切实看到了中国社会仍存在的一些问题。大部分军官在访谈中指出了中国严重的环境污染问题，希望中国加大环保力度。一位乌拉圭军官指出："如果让我在北京这样经济发达但污染严重的现代化城市和乌拉圭某个经济落后但山清水秀的小乡村之间选择，我会选择后者。"此外，还有军官看到有人在公共场所乱扔垃圾、随地吐痰，不顾及他人健康在密闭空间和非吸烟区吸烟，家长带着小孩在商场里随意大小便等。他们指出，中国经济经历了飞速发展，但是国民素质的提高仍是一个漫长的过程。

（七）对"中国模式"的看法存在差异

中国在经济发展方面取得的成就是大家有目共睹的。委内瑞拉和古巴向中国派出的军事代表团的一项很重要的任务就是学习中国的发展经验。委内瑞拉军官明确表示，愿意把在中国学到的发展经验带回国内。一位巴西军官在来华之前仔细研读了西语版的《习近平谈治国理政》，对书中的思想给予了高度评价。一位阿根廷军官也在访谈中表示，中国的发展模式具有示范作用，因为中国政府在经济上发挥的宏观调控作用和战略指导作用对促进经济发展起到了良好的效果。

　　但是部分军官在对中国发展表示肯定的同时，也坦率地指出"'中国模式'在拉美不可复制"。一位阿根廷军官认为："中国的成功之处在于中国政策的持续性，而这种可持续性与中国特色社会主义政治体制息息相关。但是在阿根廷，国家政策经常因为政府换届而遭遇大的改变，因而无法像中国一样保持持续的发展。"一位巴西军官指出：东西方文化中"集体导向"和"个人导向"的差异很好地体现在了中国人和巴西人之间思维方式的差异上。中国人更遵守纪律、更具有组织性，而巴西人更注重个人感受。因此中国人为了经济建设或解决某些问题愿意牺牲掉一些个人自由，但是巴西人无法做到这些。这正是中国发展成功的原因，也是中国模式的不可复制之处。

三、思考与总结

　　随着中拉交往的不断增强，拉美国家对中国的了解正在不断增加。同时，中国经济的发展、自身实力的增强、国内治理的改善和国际事务的积极参与，使拉美对华正面观感也在不断提升。从访谈中我们发现，中国对拉美构成吸引力的主要因素包括：中国经济发展成就和因此可能给拉美带来的机遇、中国不强加任何条件的投资和贷款、中国不干涉他国内政的外交政策、中国作为美国替代者给拉美带来的多种选择、中国在国内治理某些方面的良好示范作用等。但是我们也要看到，在拉美国家，"国强必霸"的现实主义思维和对"中心国家"与"外围国家"间不平等交换的担忧依然存在。其对中国的警惕和怀疑可能难以在短时间内消除，中拉因文化和价值观差异产生的距离也需要长时间的交流才能拉近。此外，中国国内治理中的一些问题和矛盾也影响着中国在拉美人民心目中的形象，加强环境治理和提高国民素质等方面是中国提高自身软实力必须解决的问题。

关于"中国模式"，我们在看到"中国模式"对拉美产生吸引力的同时，也要看到拉美国家积极探索符合本国国情的发展道路的强烈愿望。在拉美这样一个对他人信任度较低[①]、强调自力更生且"中国威胁论"仍有一定市场的地区，在对拉交往中应注意强调"中国尊重各国人民自主选择发展道路的权利"。

首先，拉美国家曾深受"华盛顿共识"之苦，激进变革和全盘西化带来的苦果令拉美社会在看待他国发展模式时增添了更多的反思和对全盘模仿的戒备。前文中，拉美学者对"中国模式"的谨慎态度，就是一大印证。

其次，西方学者通常将"中国模式"与强大的中央政府和以国家为中心的发展模式相关联，认为政治体制以及其他方面的差异导致"中国模式"是"不可复制"的。西班牙前驻北京商务参赞恩利克·范胡尔（Enrique Fanjul）在评价中国模式时就突出了其"威

---

① "世界价值观调查"（World Values Survey）在 2000 年的一个调查表明，拉美民众在回答"你相信大多数人吗？"这一问题时，只有 16% 的人给予了肯定的回答，在巴西这一比例仅有 3%。而丹麦、芬兰、挪威和瑞典等欧洲国家肯定回答的比例为 55%—65%。

权主义"的特点，认为"中国模式"中太多的"中国特色"使得其无法输出他国。[①] 拉美文化受到西方文化和思想的影响很深，因此很多拉美人也不认同"中国模式"在拉美的可复制性。

再次，拉美文化是一种混合型的文化，强调多元性。美国范德比尔特大学拉美民意项目的调查发现，拉美地区有人认同美国模式（27.5%），有人认同中国模式（16.3%），但仍有相当比重（9.4%）的拉美人认同其本国的发展模式。[②] 拉美学者同样积极倡导拉美走自己的路，建立"拉美共识"。因此，可以说虽然一些拉美人对中国的经济发展成果感到艳羡，也并不意味着他们愿意完全模仿中国的实践方式。

此外，我们认为拉美地区的内部差异可能对中国在拉美的软实力施展造成阻碍。从访谈可以明显看出，拉美各国因政治主张、价值观念等方面的差别，而对华持有不同看法。多位军官在访谈中指出，"拉美存在着严重的意识形态分歧"。21 世纪以来，拉美左翼政权纷纷兴起，委内瑞拉、厄瓜多尔、玻利维亚等国的激进左翼势力积极寻找"替代方案"。然而，近年来拉美地区的经济发展困境使中右翼势力在拉美主要大国重新掌权，再加上哥伦比亚等传统右翼国家的存在，拉美国家在意识形态和发展道路上的分歧愈发凸显。例如，因意识形态和治国理念的分歧，委内瑞拉被无限期中止

---

① Enrique Fanjul, "El 'Consenso de Beijing'：Universalidad y Particularidad del Modelo Chino?"（《"北京共识"：中国模式的普遍性与特殊性?》）*La Nueva Geografía de la Internacionalización* , No. 859（Mar. -Apr. , 2011）, pp. 51-53.

② 郭存海：《中国在拉美的软实力：汉语传播视角》，《拉丁美洲研究》2014 年第 6 期，第 53 页。

南方共同市场的成员国资格，委内瑞拉马杜罗政府与阿根廷、巴西和秘鲁的新政府也出现了矛盾。此外，拉美区域和次区域机制林立且缺乏整合。历史上不同拉美国家为了各自利益成立过10多个区域和次区域组织，如里约集团、加勒比国家联盟、南方共同市场、安第斯共同体、美洲玻利瓦尔联盟、南美国家联盟、太平洋联盟、拉美及加勒比国家共同体等。一些次区域组织间存在复杂的竞争关系，而且很多一体化组织自身也面临着各种问题。2015年1月中拉论坛的成功召开标志着中拉关系的重大突破，然而在如今拉美地区"粉红色浪潮退潮"的背景下，由左翼政府积极推动成立的拉共体面临着缺乏共识和团结的威胁。大国间的意识形态分歧和不同的利益诉求是该组织进一步发展无法回避的问题，而如何进一步推动以中拉论坛为平台的中拉整体合作，如何恰当地处理好与拉美各国之间的关系也是中国必须面临的重要问题。

结　语

　　中拉之间有着悠久的交往历史，后冷战时期中拉关系的发展得到了长足的进步。尤其是进入 21 世纪以来，双方关系进入高速发展时期，经贸合作成就斐然，并由此带动了中国与拉美国家的双边高层交往和人文交流。

　　中拉之间相隔遥远，不存在因地缘政治关系引发的担心和恐惧；相互之间没有领土、领海等边界纠纷，也没有因战争等问题遗留的历史积怨。因此，可以说拉美国家与中国没有根本的利害冲突。此外，拉美国家与中国同属发展中国家，面临着许多相似的问题，在政治、经济、社会发展等方面有着许多共同语言。在这样一片大陆，中国本应拥有不错的软实力。但是，通过对中国在拉美国家形象的考察，我们发现：虽同为第三世界国家，中国在拉美的形象远比不上中国在非洲的形象的正面程度，中国在拉美民众中的好感度也比不上同为亚洲国家的日本。拉美与欧美学者对中国国家形象的负面评述，更进一步揭示出中国在国家形象方面存在的各种问题。可以说，虽然在政治、经济、科技和文化诸领域，中国在拉美都有了相当程度的存在感，但是拉美人对中国的认知和好感并没有随着中国走入拉美而得到大幅提升。这不禁让我们陷入思考：是什么原因导致中国在拉美的软实力不足？

事实上，中国在拉美是拥有一定软实力资源的，如经济吸引力、文化影响力、发展模式和外交政策等。中国经济发展取得的成就令拉美国家艳羡，中拉经贸交往的加深以及中国对拉投资的增加大大增强了中国对拉美的经济吸引力。我们认为这是目前中国在拉美最重要的软实力来源。可以说，中国在拉美的软实力在很大程度上是经济硬实力支撑下的一种吸引力。此外，对深受美国霸权所苦的拉美国家来说，中国"不干涉""不强加"和"尊重"拉美各国发展道路的外交政策同样构成一种重要的吸引力。

在合作制度建设方面，中拉论坛的建立意味着中拉关系机制性建设和制度化提升开始起步，展现了中国参与国际机制建设的能力，为中拉关系全方位发展提供了良好的机制平台。"一带一路"倡议向拉美的延伸，更为中拉关系的发展提供了新的契机。此外，中国拥有悠久的历史和博大精深的传统文化，对拉美社会很有吸引力。随着中拉人文交流的进一步加深，这一底蕴深厚的软实力资源将发挥更大的作用。为此，中国需要进一步加强文化产业的建设，将中华文化的吸引力挖掘得更深、更透。对于中国的发展模式这一软实力资源，国内外许多学者认为"华盛顿共识"的失败和中国经济发展的成功，使得"中国模式"对发展中国家产生了巨大的吸引力，也使"北京共识"成为中国重要的软实力资源。通过拉美学者对"北京共识"的讨论和来华培训高级军官对"中国模式"的看法，我们发现拉美对"中国模式"的观感存在一定差异，一些拉美学者和军官对"中国模式"持谨慎态度。因此，我们在看到"中国模式"对拉美产生吸引力的同时，也要积极强调中国对经济模式和政治体制输出不感兴趣，且坚决支持拉美国家根据本国国情选择自己的发展道路。

中国在拉美软实力不足存在很多方面的原因。从拉美方面来看，首先，中拉文化有着不同的起源，分属不同体系。拉美以天主教文化为主的混合型文化和中国的儒家文化之间的差别，使得中拉双方在思维方式、价值观念等各方面千差万别。因而在交往过程中出现的摩擦和误解是很难避免的，也是在短时间内难以解决的。与中拉政治、经济领域的大发展相比，中拉文化交流发展相对滞后。人文领域互联互通的不足导致拉美民众对华认知的欠缺。而作为文化传播重要载体的华人群体，由于自身条件的限制也对中华文化在拉美的传播贡献有限。文化交流是一个漫长的过程。欧美文化在拉美的传播已有几百年的历史，中拉交往历史虽然不短，但是真正大规模、多层次的交流还处在初始阶段。因此，我们首先应该认清这个事实，并做长久的打算。

其次，拉美传媒自身能力不足，因此对欧美传媒有着很深的依赖。由于拉美与欧美在文化、价值观等方面的相似，以及与中国在意识形态方面的差异，拉美媒体更倾向于采用欧美媒体的新闻报道。对于中国香港"占中"事件这样一个中国内政问题，拉美媒体持有的态度与西方世界基本一致，与中国的立场则大相径庭。这一事例一方面显示了欧美媒体对拉美的影响，另一方面也显示了拉美自身的价值选择。为了争取国际舆论主导权，一些中国媒体已经在媒体本土化的道路上做出了积极的尝试。但是欧美主流媒体在全球的话语霸权由来已久，其巨大影响很难在短时间内被打破。而拉美国家对西方价值观和文化的认同，以及在新闻传播上对欧美主流媒体的依附，更是加重了中国在拉美打破欧美话语霸权的难度。这就需要中国媒体的智慧和耐心，不断改进对外传播方式，积极尝试媒体本土化的最佳方式。

最后，拉美在历史上遭受过欧美大国的殖民和控制，一直处于世界体系的边缘地带，依附于中心发达国家。拉美一方面期望通过中国改善自身经济状况，提高自身地位，摆脱美国的控制，另一方面由于历史上欧美对拉美的贸易投资模式曾对拉美社会各方面造成不良影响，拉美人不自觉地将今天的中国与欧美进行类比，对中国产生疑虑与戒备。面对这样的状况，中国应该继续释放善意，将中国互利共赢的良好的愿望持续传达给拉美国家，用实际行动消除他们的疑虑和不满。

从国内方面来看，中国软实力的实现方式是有待改进的。首先表现在软实力的实现方式缺乏针对性，没有根据受众的特点和偏好，以拉美人可以接受的方式传播中国的文化。其次表现为软实力外交的实施过程中政府包揽多，民间社会参与少，没能更好地发挥民间力量的作用，导致软实力实现效果不理想。

中国还处于社会主义初级阶段，经济发展还不平衡，国内治理还不够完善，体制改革还不够充分，环境污染、城乡差距等问题成为影响中国国家形象的重要因素。国家和政府已经意识到了这些问题，并积极采取措施予以改善。但是，中国还将长期处于社会主义初级阶段的客观现实决定了其提升国家形象这一任务的长期性。硬实力是软实力的强大支撑。中国虽然已是经济大国，但还不是经济强国。中国经济发展还面临着诸多挑战，这些硬实力的不足限制了软实力的进一步发展。

近年来，中国企业大量走进拉美，在与拉美社会接触的过程中促进了双方相互了解。然而，由于制度环境差异，许多中国企业在拉美遇到了一系列问题。环境保护、社区关系和劳工问题成为经常被提及的几个问题，对中国的国家形象造成了一定影响。由于中拉距离遥远，民众间直接沟通和接触的途径还不多，企业成为拉美民众认识中国的主要途径之一。因此，提升中国企业在拉美的形象成为中国软实力工程中的重要一环。为此，国家应该在对拉美开展境外投资时制定良好的战略，在投资领域和企业类型上推进多元化，并加强对中国企业"走出去"的方式和行为模式的控制力。从企业层面来说，面对制度环境的差别，企业需要严格遵循当地环保标准、提高自身社会责任意识、积极推进本土化和国际化，并优化对外传播策略，打造良好的企业品牌。

作为人文交流的重要一环，孔子学院在传播中国文化和语言方面发挥着不可替代的作用。孔子学院在拉美积极组织各种文化交流活动，教授汉语，成为中国施展软实力的重要平台。然而，孔子学院在师资、教材、教学方法等方面面临着一系列问题，主管部门需要采取具体措施化解限制因素，提升孔子学院的软实力。

通过对拉美来华受训军官进行访谈，我们发现，在来华之前，拉美军官对华了解较少，存在不少疑虑与误解。这反映出中拉之间相互交流的欠缺和直接沟通渠道的缺失。来华后，拉美军官对华印象明显改观，这显示了人员交流培训在增加相互理解、提升国家软实力方面的显著效果。随着中国经济的发展、自身实力的增强、国内治理的改善和国际事务的积极参与，拉美来华军官对华正面观感正在不断提升。但是，我们也要看到，一些拉美人士对中国的警惕和疑虑可能难以在短时间内消除，中拉因文化和价值观差异产生的距离也需要长时间的交流才能拉近。此外，访谈显现出了拉美人对华看法的国别性差异，这与受访学员所在国的意识形态存在一定联系。因此，虽然从某种程度上来说我们可以将拉美地区大致作为一个整体来看待，但是鉴于各国国情差异，我们还是应该注意中国与个别拉美国家关系的特殊情况，以及中国在不同拉美国家软实力的特点。

中国要提升在拉美的软实力，需要的是"内修外通"。而要达到外通，尤其需要的是加强人文交流。2015年中拉论坛首届部长级会议成功召开，确立了包括"人文上互学互鉴"在内的中拉关系"五位一体"新格局，且首次将其作为发展中拉关系不可分割的关键一环。中国新一代领导集体对中拉人文交流的重视，为中国提升在拉软实力创造了前所未有的良好机遇。因此，在对中国在拉软实力现状和问题有清醒认识的同时，我们也对其未来发展有良好的预期。随着中拉交往领域日益拓宽，交往活动日益机制化，中国在拉美的软实力建设将得到进一步推动。

参考文献

一、中文专著及译著

1. ［秘］陈·罗德里格斯：《拉丁美洲的文明与文化》，白凤森等译，北京：商务印书馆，1990 年。

2. 陈正良：《中国软实力发展战略研究》，北京：人民出版社，2008 年。

3. 董经胜、林被甸：《冲突与融合：拉丁美洲文明之路》，北京：人民出版社，2011 年。

4. 高伟浓：《拉丁美洲华侨华人移民史、社团与文化活动远眺（上册）》，广州：暨南大学出版社，2012 年。

5. 高伟浓：《拉丁美洲华侨华人移民史、社团与文化活动远眺（下册）》，广州：暨南大学出版社，2012 年。

6. 贺双荣主编：《中国与拉丁美洲和加勒比国家关系史》，北京：中国社会科学出版社，2016 年。

7. ［荷］吉尔特·霍夫斯泰德、格特·杨·霍夫斯泰德：《文化与组织：心理软件的力量》，李原、孙健敏译，北京：中国人民大学出版社，2010 年。

8. 郝名玮、徐世澄：《拉丁美洲文明》，北京：中国社会科学出版社，1999 年。

9. 韩琦主编：《拉丁美洲文化与现代化》，北京：社会科学文献出版社，2013 年。

10. 刘国枝主编：《巴西黄皮书：巴西发展报告（2016）》，北京：中国社会科学出版社，2017 年。

11. 柳思思：《拉美国家政治经济与外交》，北京：知识产权出版社，2014 年。

12. 刘文龙、朱鸿博：《全球化、民族主义与拉丁美洲思想文化》，上海：上海辞书出版社，2013 年。

13. 刘文龙：《拉丁美洲文化概论》，上海：复旦大学出版社，1996 年。

14. ［美］欧文·拉兹洛：《多种文化的星球——联合国教科文组织国际专家研究报告》，北京：社会科学文献出版社，2001 年。

15. ［美］乔舒亚·库珀·雷默等：《中国形象：外国学者眼里的中国》，北京：社会科学文献出版社，2008 年。

16. ［美］托马斯·E·斯基德莫尔、［美］彼得·H·史密斯、［美］詹姆斯·N·格林著：《现代拉丁美洲（第七版）》，张森根、岳云霞译，北京：当代中国出版社，2014 年。

17. ［美］约瑟夫·奈：《软实力——世界政坛成功之道》，吴晓辉、钱程译，北京：东方出版社，2005 年。

18. ［美］约瑟夫·奈：《美国霸权的困惑》，郑志国译，北京：世界知识出版社，2002 年。

19. ［美］约瑟夫·奈：《软权力与硬权力》，门洪华译，北京：北京大学出版社，2005 年。

20. ［美］约瑟夫·奈：《权力大未来》，王吉美译，北京：中信出版社，2012 年。

21. ［墨］卡洛斯·阿居雷：《拉丁美洲：全球危机和多元文化》，王银福译，济南：山东大学出版社，2006 年。

22. 门洪华主编：《中国：软实力方略》，杭州：浙江人民出版社，2007 年。

23. 钱明德、金计初：《拉美文化与现代化》，沈阳：辽海出版社，1999 年。

24. 苏振兴主编：《拉美国家现代化进程研究》，北京：中国社会科学出版社，2006 年。

25. 索萨：《拉丁美洲思想史述略》，昆明：云南人民出版社，2003 年。

26. 王泰平主编：《新中国外交 50 年》，北京：北京出版社，1999 年。

27. 吴白乙等：《转型中的机遇：中拉合作前景的多视角分析》，北京：经济管理出版社，2013 年。

28. 谢婷婷、骆克任：《华侨华人在中国软实力建设中的作用研究》，北京：经济科学出版社，2015 年。

29. 张庆丰、［美］罗伯特·克鲁克斯：《迈向环境可持续的未来——中华人民共和国国家环境分析》，北京：中国财政经济出版社，2012 年。

30. 赵启正：《公共外交与跨文化交流》，北京：中国人民大学出版社，2011 年。

31. 周明伟主编：《对外传播的中国形象设计》，北京：外文出版社，2012 年。

32. 朱鸿博、江时学、蔡同昌主编：《国际新格局下的拉美研究》，上海：复旦大学出版社，2007 年。

33. 朱凯编著：《西班牙——拉美文化概况》，北京：北京大学出版社，2010 年。

二、中文期刊

1. 安东尼·埃尔森：《龙腾鬣蜥间》，《金融与发展》2014 年第 12 期。

2. 安德烈·弗尔切克：《西方为何热衷抹黑中国》，《时事报告》2013 年第 8 期。

3. 陈涛涛：《智利：中国企业投资的环境和机会》，《国际经济合作》2013 年第 9 期。

4. 陈涛涛、顾凌骏、金莹、张冉：《哥伦比亚投资环境与中国企业投资策略》，《国际经济合作》2017 年第 1 期。

5. 陈涛涛、顾凌骏、王诗傲、徐润：《中企投资秘鲁：能力建设与未来发展》，《国际经济合作》2017 年第 7 期。

6. 陈遥：《美国对中国在东南亚软实力的认知：以国会研究处报告和民意调查为中心的分析》，《厦门大学学报（哲学社会科学版）》2009 年第 4 期。

7. 程洪、杨悦：《试论 21 世纪中国与拉美国家关系发展中的文化因素》，《拉丁美洲研究》2017 年第 3 期。

8. 驰骋：《中国和拉美文化的对比及交流合作》，《当代世界》2007 年第 5 期。

9. 崔守军、徐鹤：《拉美华人华侨在构建"中拉命运共同体"中的作用及路径》，《拉丁美洲研究》2018 年第 1 期。

10. 戴维·R·马雷斯：《拉美的资源民族主义与能源安全：对全球原油攻击的意义》，《拉丁美洲研究》2011 年第 2 期。

11. 董国辉：《拉丁美洲民主政治的文化分析》，《拉丁美洲研究》2010 年第 2 期。

12. 董国辉：《中国与拉美经贸关系中的合作与冲突》，《拉丁美洲研究》2013 年第 3 期。

13. 房连泉：《拉美劳动力资源现状与中拉合作前景分析》，《拉丁美洲研究》2013 年第 2 期。

14. 冯留建：《20 世纪 90 年代以来中国"软实力"研究述评》，《学术论坛》2014 年第 6 期。

15. 付爱萍、田玉：《墨西哥孔子学院发展特点、问题及对策》，《连云港师范高等专科学校学报》2013 年第 1 期。

16. 高洪：《略论 21 世纪日本对拉美外交战略变迁》，《拉丁美洲研究》2015 年第 1 期。

17. 郭存海：《中国在拉美的软实力：汉语传播视角》，《拉丁美洲研究》2014 年第 6 期。

18. 郭存海：《中国的国家形象构建：拉美的视角》，《拉丁美洲研究》2016 年第 5 期。

19. 郭存海：《中共十八大以来中国对拉美的政策与实践》，《拉丁美洲研究》2017 年第 2 期。

20. 郭洁：《首钢秘鲁铁矿项目的历史与变迁》，《国际政治研究》2015 年第 1 期。

21. 郭杰：《比较视野下的中国拉美研究》，《国际政治研究》2016 年第 5 期。

22. 贺双荣：《构建中拉"命运共同体"：必要性、可能性及挑战》，《拉丁美洲研究》2016 年第 4 期。

23. 程洪：《试论中国与拉丁美洲的文化贸易》，《拉丁美洲研究》2007 年第 4 期。

24. 侯光海：《汉语及中国传统文化在拉美地区的传播困境与对策——以智利和古巴为例》，（西南科技大学）《高校研究》2012 年第 4 期。

25. 胡键：《当前国际社会的中国观——基于西方民意调查的实证分析》，《毛泽东邓小平理论研究》2011 年第 2 期。

26. 黄嘉徽：《首钢：秘鲁的血色黄昏》，《环球企业家》2004 年第 102 期。

27. 黄金辉、丁忠毅：《中国国家软实力建设路径研究的回顾与反思》，《教学与研究》2010 年第 11 期。

28. 黄人杰：《中资企业投资拉美的挑战与战略构想》，《中国软科学增刊（上）》2015 年。

29. 黄忠：《新形势下中国对拉美国家的公共外交》，《拉丁美洲研究》2015 年第 2 期。

30. 靳呈伟：《拉美文化多样性的表现、成因及维护》，《南京政治学院学报》2013 年第 5 期。

31. 贾慧舫：《加强软实力建设是应对西方话语权的关键》，《牡丹江大学学报》，2014 年第 4 期。

32. 江时学：《中拉关系五问》，《拉丁美洲研究》2013 年第 5 期。

33. 江时学：《文化因素与拉美、东亚的经济发展》，《太平洋学报》1999 年第 1 期。

34. 蒋英州：《论中国软实力建设与发展战略的基本要素及其主要内涵》，《湖北社会科学》2013 年第 6 期。

35. 姜骁倬：《浅谈中国文化与拉美文化的特点及传播》，《科技信息》2013 年第 10 期。

36. 蓝庆新、郑学党、韩晶：《我国文化产业国际竞争力比较及提升策略——2011 年横截面数据分析》，《财贸经济》2012 年第 8 期。

37. 李百玲：《美国建构国家文化软实力的路径分析》，《当代世界与社会主义》2011 年第 6 期。

38. 李北海：《关于加强中拉历史文化交流的几点想法》，《拉丁美洲研究》2008 年第 1 期。

39. 廖秉宜、李海容：《中国企业海外声誉与国家形象构建研究》，《对外传播》2017 年第 9 期。

40. 林越：《中国企业在拉美投资的风险偏好与展望》，《环球财经》2016 年第 2 期。

41. 刘立华、谢静：《中国企业跨国并购中的国家形象话语建构研究》，《浙江传媒学院学报》2013 年第 6 期。

42. 刘青建：《当前中拉合作的成效与深化合作的战略意义》，《拉丁美洲研究》2015 年第 5 期。

43. 刘文龙：《全球化、民族主义与现代拉美文化的独特性》，《齐鲁学刊》2001 年第 5 期。

44. 楼宇：《中国对拉美的文化传播：文学的视角》，《拉丁美洲研究》2017 年第 5 期。

45. 路易斯·梅伦德斯·格雷罗：《中国在秘鲁矿业投资：冲突、制度和地方发展问题》，《拉丁美洲研究》2018 年第 2 期。

46. 罗中书：《微信的国际化及其对传媒"走出去"的启示》，《对外传播》2014 年第 1 期。

47. 吕建云、秦燕燕：《略论我国国家软实力的提升空间》，《重庆科技学院学报（社会科学版）》2011 年第 18 期。

48. 门洪华：《中国软实力评估报告》（上），《国际观察》2007 年第 2 期。

49. 门洪华：《中国软实力评估报告》（下），《国际观察》2007 年第 3 期。

50. 牛海彬：《试论中拉整体合作的机制化路径》，《拉丁美洲研究》2017 年第 6 期。

51. ［美］阿里尔·C·阿莫尼、［英］朱莉娅·C·施特劳斯：《从"走出去"到"去着陆"：中国与拉美互动关系研究》，章远译，《国外理论动态》2014 年第 2 期。

52. 孟夏韵：《中华文明与拉美文明生态思想之对比研究》，《宁夏大学学报（人文社会科学版）》2017 年第 7 期。

53. ［墨］罗默·科奈赫：《从文化外交看中国对拉美国家的影响》，《江苏师范大学学报》2015 年第 6 期。

54. 倪建平：《国家形象与中国同拉美的经济合作：文化传播的视角》，《拉丁美洲研究》2010 年第 3 期。

55. 牛海彬：《试论新时期中拉关系的战略性》，《拉丁美洲研究》2013 年第 3 期。

56. 钱鸿儒：《拉美学生汉语学习情况调查》，《高教研究》2013 年第 10 期。

57. 全毅、魏然：《文化因素与经济发展——来自东亚与拉美的实证分析》，《福建论坛·人文科学社会版》2010 年第 4 期。

58. 冉继军：《中国在拉丁美洲的软实力建设》，《拉丁美洲研究》2014 年第 3 期。

59. 沙宗元：《智利孔子学院开展文化交流的探索与思考》，《世界汉语教学学会通讯》2014 年第 3 期。

60. 沈安：《拉美经济与中拉关系：新挑战和新机遇》，《国外理论动态》2014 年第 2 期。

61. 苏振兴：《中拉关系如何面向未来》，《拉丁美洲研究》2009 年第 5 期。

62. 孙洪波：《中国对拉美民间外交：缘起、事件及影响》，《拉丁美洲研究》2014 年第 3 期。

63. 唐彦林：《美国对中国软实力的评估及对中国软实力建设的启示》，《当代世界与社会主义》2009 年第 6 期。

64. 唐彦林：《美国对中国在非洲软权力的评估及启示》，《西亚非洲》2010 年第 5 期。

65. 王俊峰：《中国软实力外交探析——以东亚、非洲、拉美为例》，《商丘职业技术学院学报》2011 年第 1 期。

66. 王玲：《世界各国参与国际组织的比较研究》，《世界经济与政治》2006 年第 11 期。

67. 魏红霞：《美国在拉美软实力的构建及其对中国的启示》，《拉丁美洲研究》2009 年第 5 期。

68. 吴洪英：《"拉美成为中国后院论"辨析》，《现代国际关系》2009 年第 3 期。

69. 徐进：《国家品牌指数与中国国家形象分析》，《国家关系学院学报》2012 年第 1 期。

70. 徐世澄：《中拉文化的特点、历史联系与相互影响》，《拉丁美洲研究》2006 年第 5 期。

71. 徐世澄：《构筑面向 21 世纪的中拉关系》，《国际论坛》1999 年第 1 期。

72. 徐世澄：《亚洲与拉美的关系：回顾和展望》，《拉丁美洲研究》2010 年第 5 期。

73. 许嘉璐：《关于汉语国际教育热点问题的访谈》，《湖北大学学报（哲学社会科学版）》2011 年第 4 期。

74. 夏晓娟：《中国与巴西双边关系发展中的掣肘因素》，《洛阳师范学院学报》2016 年第 1 期。

75. 谢文泽：《改革开放 40 年中拉关系回顾与思考》，《拉丁美洲研究》2018 年第 1 期。

76. 许少民：《海外学者如何看中国特色的软实力》，《瞭望中国》2012 年 7 月下旬版。

77. 轩传树：《正确认识网络强国建设所面对的成就问题和影响》，《中国信息安全》2015 年第 2 期。

78. 杨发金：《拉美华侨华人的历史变迁与现状初探》，《华侨华人历史研究》2015 年第 4 期。

79. 杨建民：《厄瓜多尔可治理性问题研究》，《拉丁美洲研究》2007 年第 5 期。

80. ［英］莱斯·詹金斯：《拉丁美洲与中国：一种新的依附关系?》，郝诗楠译，《国外理论动态》2014 年第 2 期。

81. 杨建民：《当前的中拉关系特点评析》，《拉丁美洲研究》2013 年第 3 期。

82. 喻虹霞：《专访哥斯达黎加孔子学院中方院长樊素琴》，《海外华文教育动态》2010 年第 6 期。

83. 张明德：《对中拉关系发展的机遇和挑战的再认识》，《拉丁美洲研究》2013 年第 5 期。

84. 曾敏：《秘鲁孔子学院发展现状、问题及展望》，《成都航空职业技术学院学报》2012 年第 1 期。

85. 张宝宇：《浅谈中拉关系在各自对外关系中的地位》，《拉丁美洲研究》1995 年第 1 期。

86. 张贯之、张蕊瑜：《浅谈"拉美式"历史文化与拉美企业文化》，《拉丁美洲研究》2012 年第 5 期。

87. 赵本堂：《努力推动中拉关系在更高水平上向前发展》，《拉丁美洲研究》2018 年第 1 期。

88. 赵重阳、谌园庭：《进入"建构发展"阶段的中拉关系》，《拉丁美洲研究》2017 年第 5 期。

89. 中国现代国际关系研究院拉美课题组：《中国对拉丁美洲政策研究报告》，《现代国际关系》2004 年第 4 期。

90. 翟保军：《海外本土汉语教师的培训需求分析——以秘鲁利马本土教师为例》，《云南师范大学学报：对外汉语教学与研究版》2015 年第 3 期。

91. 朱振明：《拉美报纸媒体中的"钓鱼岛"：谈中国的形象》，《国际新闻界》2014 年第 9 期。

92. 左品：《试析中国对拉美的公共外交》，《国际观察》2014 第 5 期。

93. 左晓园：《中拉论坛：新平台、新起点、新机遇、新挑战》，《今日中国：中文版》2015 年第 2 期。

三、外文专著

1. Carola McGiffert, *Chinese Soft Power and Its Implications for the US: Competition and Cooperation in the Developing World*, Washington: Center for Strategic and International Studies, 2009.

2. *China's Foreign Policy and Soft Power in South America, Asia, and Africa*, a study prepared for the Committee on Foreign Relations, United States Senate by the Research Service, Washington: U. S. Government Printing Office, 2008.

3. Douglas Farah and Andy Mosher, *Winds From the East: How the People's Republic of China Seeks to Influence the Media in Africa, Latin America, and Southeast Asia*, Washington: The Center for International Media Assistance, 2010.

4. Enrique Dussel Perters, *La Inversión Extranjera Directa de China en América Latina: 10 Estudios de Caso*（《中国对拉美直接投资：10 个案例研究》），México: UNAM, 2013.

5. Evan Ellis, *China on the Ground in Latin America: Challenges for the Chinese and Impacts on the Region*, New York: Palgrave Macmillan, 2014.

6. Howard J. Wiarda, *The Soul of Latin America: The Cultural and Political Tradition*, London: Yale University Press, 2003.

7. Martín Pérez Le-Fort, "América Latina y China: Temores y Realidades,"（《拉丁美洲和中国：恐惧和现实》）*Anuario Asia-Pacifico 2008*, Madrid: CIDOB-RIE, 2009.

8. Osvaldo Rosales and Mikio Kuwayama, *La República Popular de China y América Latina y el Caribe: hacia una Relación Estratégica*（《中华人民共和国和拉丁美洲与加勒比：走向战略关系》），Santiago de Chile: CEPAL, 2010.

9. Jaime Otero Roth, "China Descubre la Diplomacia Pública,"（《中国发现公共外交》）*Anuario Asia-Pacífico 2007*, Madrid: CIDOB-RIE, 2008.

10. Jorge Guajardo, Manuel Molano and Dante Sica, *Industrial Development in*

Latin America：What Is China's Role? Washington D. C. ：Atlantic Council，2016.

11. José Ignacio Martínez Cortés, *América Latina y El Caribe-China：Relaciones Políticas e Internacionales*（《拉丁美洲与加勒比—中国：政治与国际关系》），Mexico：Red ALC-China, UDUAL, UNAM and Cechimex, 2013.

12. Joshua Kurlantzick, *Charm Offensive：How China's Soft Power is Transforming the World*, New Haven and London：Yale University Press, 2007.

13. Maria Montt and Johannes Rehner, "*Distancia Cultural*" *entre América Latina y Asia-Reflexiones sobre el Uso y Utilidad de Dimensiones Culturales*（《拉美与亚洲的文化距离——对文化维度运用的思考》），Documentos de Trabajo en Estudios Asiáticos Número 8：Serie Cultura y Pensamiento, Santiago de Chile：Pontificia Universidad Católica de Chile, 2012.

14. Sergio Cesarín and Carlos Moneta, *China y América Latina：Nuevos Enfoques sobre Cooperación y Desarrollo：¿Una Segunda Ruta de la Seda?*（《中国与拉丁美洲合作与发展的新角度：第二条丝绸之路?》）Buenos Aires：Editorial BID-INTAL, 2005.

15. Shen Ding, *The Dragon's Hidden Wings：How China Rise with Its* "*Soft Power*", New York：Lexington Books, 2008.

四、外文期刊

1. Adriana Erthal Abdenur and Danilo Marcondes de Souza Neto, "Cooperación China en América Latina. Las Implicaciones de la Asistencia para el Desarrollo,"（《中国在拉丁美洲的合作》）*Íconos. Revista de Ciencias Sociales*, No. 47（Sep.，2013）.

2. Ariel M. Slipak, "América Latina ante China：¿Transición del Consenso de Washington al Consenso de Beijing?"（《中国面前的拉丁美洲：从华盛顿共识到北京共识的转变?》）*Jornadas de Economía Crítica*（Oct.，2014）.

3. Carla V. Oliva, "El Ascenso Chino. La Cultura Como Recurso de la Política Exterior,"（《中国的崛起——以文化为资源的外交》）*Escenarios* XXI, Año III, No. 16（Apr. -May, 2013）.

4. Cynthia Sanborn and Victoria Chonn Ching, "Making Way for Mines：Chinese Investment in Peru," *Harvard Review of Latin America*, Vol. 13, No. 2（2014）.

5. Diana Andrea Gómez, "El Soft Power con Características Chinas," (《中国特色的软实力》) *Instituto Gallego de Análisis e Investigación Internacional* (Mar., 2011).

6. Enrique Fanjul, "El 'Consenso de Beijing': Universalidad y Particularidad del Modelo Chino?" (《"北京共识": 中国模式的普遍性与特殊性?》) *La Nueva Geografía de la Internacionalización*, No. 859 (Mar. -Apr., 2011).

7. Evan Ellis, "Chinese Soft Power in America Latina: A Case Study," *Joint Forces Quarterly*, No. 60 (First Quarter, 2011).

8. Fernando Villamizar Lamus, "El Soft Power Chino. Un Acercamiento," (《中国的软实力》) *Enfoques: Ciencia Política y Administración Pública*, Vol. 9, No. 14 (Jun., 2011).

9. Fernando Villamizar Lamus, "Smart Power y la Política Exterior de la República Popular de China Hacia América Latina y el Caribe," (《巧实力与中国对拉丁美洲和加勒比的外交政策》) *Revista Enfoques*, Vol. 10, No. 17 (2012).

10. Isabel Hilton, "China in Latin America: Hegemonic Challenge?" *NOREF Expert Analysis* (Feb. 2013).

11. Isabel Rodríguez Aranda, "Convergencia de Intereses Políticos y Estratégicos entre China y América Latina: Periodo 2000-2010," (《2000—2010 年期间中国和拉美之间的政治和战略利益融合》) *Escenarios Actuales*, CESIM, No. 2 (Sep., 2012).

12. Isabel Rodríguez Aranda and Diego Leiva Van de Maele, "El Soft Power en La Política Exterior de China: Consecuencias para América Latina," (《中国外交中的软实力及其对拉美的影响》) *Polis. Revista Latinoamericana*, Vol. 12, No. 35 (2013).

13. Jaime Preciado, "Entre el Consenso de Washington y el Consenso de Beijing. Las Brechas del Desarrollo Social," (《华盛顿共识和北京共识之间社会发展的差距》) *Revista Universitaria de Desarrollo Social*, No. 1 (Jun. -Nov., 2011).

14. Jaime Preciado and Pablo Alejandro González, "América Latina, entre el Consenso de Washington y el Consenso de Beijing: Dilemas y Potencialidades de la Integración Regional Autónoma," (《华盛顿共识和北京共识之间的拉丁美洲：地区自主一体化的两难和潜力》) see http://www. academia. edu/2635913/Rivalidades_

entre_ el_ Consenso_ de_ Washington_ y_ el_ Consenso_ de_ Beijing._ Su_ impacto_ en_ Latinoamerica.

15. Jaime Otero Roth, "La Nueva Diplomacia Cultural China," (《中国的新文化外交》) *Real Instituto Elcano. ARI*, No. 103 (2007).

16. Javier Santiso, "¿Realismo Mágico? China e India en América Latina y África," (《魔幻现实主义? 中国和印度在拉丁美洲和非洲》) *Economía Exterior*, No. 8) (Oct., 2006).

17. Jorge I. Domínguez, "China's Relations with Latin America: Shared Gains, Asymmetric Hopes," *Inter-American Dialogue China Working Paper* (Jun. 2006).

18. Ismael Cejas Armas, "El Poder Blando de China en el 2011," (《2011 年中国的软实力》) *Humania del Sur. Revista de Estudios Latinoamericanos, Africanos y Asiáticos*, No. 11 (Jul. -Dec., 2011).

19. Jorge Sanz, "La Influencia de China en Latinoamérica. El Consenso de Washington y el de Beijing," (《中国在拉美地区的影响力——华盛顿共识和北京共识》) *Cuadernos de Pensamiento Político FAES*, No. 37 (Jan. -Mar., 2013).

20. Juan González García and Gerardo Morales Lizárraga, "China y su Visión del Desarrollo Pacífico," (《中国与其和平发展的观点》) *Comercio Exterior*, Vol. 64, No. 3 (May-Jun., 2014).

21. Luis Ernesto Derbez, "China y América Latina: ¿Rivales o Aliados?" (《中国和拉美: 对手还是伙伴?》) *Boletín Oficial de la Secretaría de Relaciones Exteriores de México* (Mar., 2006).

22. Manuel Rocha, "China en Transformación: la Doctrina del Desarrollo Pacífico," (《转型中的中国——和平发展理论》) *Foro Internacional*, Vol. 46, No. 4 (2006).

23. Maristella Svampa, "El Consenso de los Commodities y Lenguajes de Valoración en América Latina," *Nueva Sociedad 244*, (Marzo-Abril, 2013).

24. Pablo Alejandro Nacht, "El Dragón en América Latina: las Relaciones Económico-comerciales y los Riesgos para la Región," (《拉丁美洲之龙: 经贸关系与拉美地区的风险》) *Revista de Ciencias Sociales*, No. 45 (Sep., 2013).

25. Pablo Bustelo, "El Auge de China: ¿Amenaza o "Ascenso Pacífico?" (《中国的崛起: 威胁还是 "和平崛起"?》) *Real Instituto Elcano. ARI*, No. 135

（Nov. ，2005）．

26. Raul Montúfar Villacís，"Dinámica del Poder Blando Chino en los Países Andinos del Siglo XXI，"（《21 世纪中国软实力在安第斯国家的运用》）*Jiexi Zhongguo*，Vol. 4（Third Quarter，2012）．

27. Renato Balderrama Santander and Selene Martínez，"China，América Latina y el Caribe：el Doble Filo de una Relación Positiva，"（《中国、拉丁美洲和加勒比：积极关系的两面》）*UNISCI Discussion Papers*，No. 24（Oct. ，2010）．

五、国际调查机构报告

1. Andrew Kohut，"America's Global Image Remains More Positive than China's，" Pew Research Center，2013，see http：//www. pewglobal. org/files/2013/07/Pew-Research-Global-Attitudes-Project-Balance-of-Power-Report-FINAL-July-18-2013. pdf.

2. "Awareness，Opinions about Global Warming Vary Worldwide，" see http：//news. gallup. com/poll/117772/Awareness-Opinions-Global-Warming-Vary-Worldwide. aspx.

3. BBC World Service，"BBC Country Rating Poll 2014，" see http：//downloads. bbc. co. uk/mediacentre/country-rating-poll. pdf.

4. BBC World Service，"BBC Country Rating Poll 2013，" see http：//www. worldpublicopinion. org/pipa/2013%20Country%20Rating%20Poll. pdf.

5. "Imagen de los Países y las Democracias，"（《各国的形象与民主》）see www. latinobarómetro. org.

6. Ernst and Young，"Rapid-growth Markets Soft Power Index Spring 2012，" see http：//emergingmarkets. ey. com/wp-content/uploads/downloads/2012/05/TBF-606-Emerging-markets-soft-power-index-2012_ LR. pdf.

7. Future Brand，"Country Brand Index 2014−15，" see http：//www. mbl. is/media/84/8384. pdf.

8. Future Brand，"Country Brand Index 2012−13，" see http：//www. futurebrand. com/images/uploads/studies/cbi/CBI_ 2012-Final. pdf.

9. Jacob Poushter and Dorothy Manevich，"Globally，People Point to ISIS and Climate Change as Leading Security，" see http：//www. pewglobal. org/2017/08/01/

globally-people-point-to-isis-and-climate-change-as-leading-security-threats/.

10. Pew Global Attitudes Project, see http：// www. pewglobal. org.

11. Real Instituto Elcano, "Índice Elcano de Presencia Global 2012," (《2012 年埃尔卡诺全球存在指数》) see http：//www. realinstitutoelcano. org/wps/portal/ rielcano/IndiceElcanoPresenciaGlobal.

12. Real Instituto Elcano, "Índice Elcano de Presencia Global 2014," (《2014 年埃尔卡诺全球存在指数》) see http：//www. realinstitutoelcano. org/wps/portal/ web/rielcano＿es/publicacion? WCM＿GLOBAL＿CONTEXT =/elcano/elcano＿es/ publicaciones/informe-presencia-global-2014.

13. The Anholt-GfK Roper Nation Brands Index, see http：//www. gfk. com/ pages/default. aspx.

14. Transparency International, see https：//www. transparency. org/news/feature/ corruption＿perceptions＿index＿2016.

15. "World Values Survey," see http：//www. worldvaluessurvey. org.

16. 2016 Environmental Performance Index（EPI）, see http：//sedac. ciesin. columbia. edu/data/collection/epi/sets/browse.